Primera edición   1990
Segunda edición   1991
Tercera edición   1992
Cuarta edición   1993
Quinta edición   1994
Sexta edición   1994

Curso de Español para Extranjeros VEN 1

Francisca Castro Viudez
Agregada

Fernando Marín Arrese
Catedrático

Reyes Morales Gálvez
Agregada

Soledad Rosa Muñoz
Agregada

Coordinadora editorial:
Mª Jesús Calabuig

Diseño gráfico y portada
TD-GUACH
Ilustraciones
TD-GUACH
Maquetación
B. LHOST
Fotocomposición
GRAMMA
Fotos portadas de Unidad
• Brotons: Unidades 1, 4, 11, 12 y 13
• Comunidad de Madrid: Unidades 2, 5, y 14

D.E.C.E.L.A.
LIBROS DE Esp & LAT-AME
C.P. 5310 STATION "C"
MONTRÉAL, QUÉ. CANADA H2X 3M4
FAX: (514) 844-5290

I.S.B.N.: 84-7711-045-x
Depósito legal: M-22759-1994
Impreso en España
Talleres Gráficos Peñalara
Ctra. Villaviciosa a Pinto, km 15.180
Fuenlabrada (Madrid)

EDICIONES EUROLATINAS S.A.

edi 6
Plaza Ciudad de Salta, 3
28043 - MADRID - (ESPAÑA)
TEL.: (1) 416 55 11 - FAX: (1) 416 54 11

FOTOGRAFÍAS Y TEXTOS

P. 49: Plano de México, Ministerio de Transporte de México. Programación TVE, diario ABC. P. 51: Catedral de Sevilla, Barrio de Santa Cruz, Giralda, Junta de Andalucía (Subsecretaría General de Turismo). P. 62: Paella, folleto de España (Secretaría de Turismo). Plato típico argentino, Restaurantes Los Almendros, Alimentos de Andalucía (Oficina General de Turismo). Mercado Sudamericano: Enciclopedia General Básica Ed. Planeta. P. 95: Iñaqui Gabilondo, Tiempo. Marta Sánchez, Hola, Guillermo Pérez Villalta, diario El País, Arantxa Sánchez Vicario, diario ABC. P. 68: Gabriel García Márquez, revista Epoca. P. 72: Mejicana, Méjico. Ed. El País/Aguilar (los libros del viajero). P. 84: Frutería y Carnicería, foto de M. A. Peiffer. P. 85: Indio tejiendo, Gran Enciclopedia España y América, tomo IV (Ed. Espasa Calpe). P. 86: abanicos, revista Ronda (Iberia). Mercadillo al aire libre, revista Geo (Círculo de Lectores). Mercado de artesanos, España de A a Z (Tiempo n.º 17). P. 96: Museo, folleto España (Secretaría General de Turismo). P. 97: Hombres voladores, Calaveras de azúcar de Méjico. Ed. El País/Aguilar (los libros del viajero). Carnaval de Bolivia. Enciclopedia de Latinoamérica (Universidad de Cambridge). P. 108: Estación seca y estación húmeda de Geografía de la sociedad humana, volumen 5 (Ed. Planeta). P. 103: Mapa del tiempo, diario El País. P. 121: Martirio de San Bartolomé, Grandes obras de la pintura universal (Museo del Prado). La noche de los ricos. Mural de la Revolución. Lágrimas de sangre de la Enciclopedia de Latinoamérica (Universidad de Cambridge). P. 148: Puerta del Sol antigua, fotografía de Alfonso. Memorias de Madrid (Ministerio de Cultura). P. 140: Plaza del Rey, Plaza de Cataluña, Folleto turístico de Barcelona (Oficina de Turismo de la Generalitat). Pág. 142: Potosí (Bolivia), oficina de turismo. P. 172: Autorretrato de Picaso, Genios de la Pintura Española (Ed. Sarpe). Eva Perón, Gran Enciclopedia de España y América, Tomo IV (Ed. Espasa Calpe). Emiliano Zapata, Gran Enciclopedia de España y América, Tomo IV (Ed. Espasa Calpe). P. 173: Pancho Villa, Méjico, Ed. El País/Aguilar (los libros del viajero). P. 176: Documentos sobre El Lute, diario El País. P. 178: Fusilamiento de la Moncloa, Guernica, de Genios de la Pintura Española (ED. Planeta).

Fotos Portada: unidades 2, 5 y 14, Comunidad Autónoma de Madrid; 1, 4, 7, 11, 12 y 13, Brotons.

Hemos buscado y solicitado los derechos de las fotografías y textos.
Sus derechos quedan a su disposición en EDELSA/EDI6.

Agradecemos la particular colaboración prestada por la Comunidad Autónoma de Madrid.

PRÓLOGO

Si analizamos el panorama actual en la enseñanza de lenguas, vemos que los alumnos de hoy en día exigen una enseñanza dinámica y participativa, en la que se sientan responsables y conscientes de su propio proceso de aprendizaje; los profesores necesitan materiales actualizados, atrayentes e imaginativos, pero claros y fáciles de manejar.

VEN se ha diseñado como un instrumento útil y completo de trabajo tanto para alumnos como para profesores.

Las características más destacables de este método son las siguientes:

— Integración de actividades comunicativas con la presentación clara y concisa de contenidos gramaticales en orden gradual de dificultad.

— Variedad de actividades y ejercicios, que cubren todos los aspectos de la enseñanza del español: funciones, gramática, vocabulario, pronunciación. También se incluye una introducción a las variaciones léxicas existentes entre los diferentes países de habla hispana.

— Flexibilidad y adaptabilidad a situaciones y alumnos diferentes.

— Un acercamiento a la cultura y civilización de España y de Hispanoamérica.

VEN 1 cubre el nivel elemental. No parte de ningún conocimiento previo del alumno, por lo que resulta apropiado para alumnos principiantes absolutos. No obstante, la flexibilidad en la estructuración de los contenidos hace posible integrar al "falso principiante" en la clase desde el primer momento.

El nivel terminal de VEN 1 se puede definir como "nivel de subsistencia" en el que el alumno es capaz de comprender y expresar ideas básicas y cotidianas, tanto de forma oral como escrita.

Los autores
Madrid, 1990

LEC.	TÍTULO	OBJETIVOS COMUNICATIVOS	OBJETIVOS GRAMATICALES	OBJETIVOS CULTURALES	PRONUNCIACIÓN	LÉXICO
1	**ENCUENTROS** p. 6	–Saludos informales –Identificación personal –¿Cómo se dice... en español? –Deletrear	–Masculino y femenino de los adjetivos y sustantivos –Presente de Indicativo de ser, llamarse, trabajar, vivir (yo/tú)	Comunidades Autónomas de España Miguel Hernández, un poeta del pueblo	Acentuación y entonación	Profesiones y nacionalidades
2	**CON LOS AMIGOS** p. 17	–Identificación personal (plural) –Presentación y saludo formal –Dar las gracias –Tú/Usted	–Adjetivos posesivos (I) –Demostrativos (I) –Plural de adjetivos y sustantivos –Presente de Indicativo de ser, trabajar, estudiar y vivir –Números del 0 al 9 (I)	México. Países de Centroamérica. Descubriendo a Dalí, Cela, V. Llosa.	La "j"	Países y nacionalidades de Hispanoamérica
3	**¿DÓNDE VIVES?** p. 28	–Ubicación de objetos –Descripción de objetos –Preguntar por una cantidad y responder	–Artículos determinados –Números (cardinales y ordinales) –Forma negativa (I) –Presente de Indicativo de estar, tener, poner	Tipos de vivienda en España Casas típicas Pío Baroja, un novelista de la Generación del 98	La "r"	La casa: muebles y objetos
4	**POR LAS CALLES** p. 41	–Contactar con alguien –Preguntar por una dirección –Ubicación de establecimientos –Dar instrucciones para llegar a un lugar –Preguntar y decir la hora	–Artículos indeterminados –Hay –Presente de Indicativo de ir, venir, coger, seguir, cerrar –Números (II)	Sevilla Velázquez: un pintor sevillano	La "θ"	La ciudad: establecimientos públicos y transportes
5	**EN EL RESTAURANTE** p. 52	–Pedir la comida –Preguntar el importe –Expresar deseos	–Imperativo formal –Imperativo informal –Presente de Indicativo de gustar, poder, querer y hacer	Hábitos alimenticios Alimentos de España e Hispanoamérica	Acentuación	Alimentos: carnes, pescados, frutas y verduras
6	**GENTE** p. 63	–Describir a una persona –Hábitos –Preguntar y decir la edad	–Verbos reflexivos levantarse, acostarse –Presente de Indicativo de salir, volver, empezar –Adjetivos posesivos (II)	–Vida familiar –Gabriel García Márquez: el "realismo mágico" –Rómulo Gallegos: un novelista venezolano	Entonación interrogativa	Carácter, acciones habituales Estado civil, la familia
7	**DE COMPRAS** p. 76	–Describir colores y materiales –Preguntar el precio –Pedir permiso –Llamar la atención –Expresar admiración –Pedir opinión –Expresar preferencias y justificarlas	–Femenino y masculino –Singular y plural de adjetivos –Pronombres personales objeto directo –Verbos con pronombre (me gusta, me parece, me queda) –Presente de Indicativo de preferir, saber	–Gustos y hábitos del español –Objetos típicos españoles –¿Dónde comprar?	La "ñ"	Cantidades y medidas La ropa: colores y materiales
8	**INVITACIONES** p. 87	–Invitar –Aceptar –Rechazar –Justificarse –Insistir –Concertar una cita –Expresar la obligación –Describir acciones presentes	–Tener + que + infinitivo –Presente continuo –Gerundio –Colocación de pronombres objeto directo –Presente de Indicativo de jugar, oír	–El ocio en España –Pedro Almodóvar: el cine hoy –Fiestas y tradiciones hispanoamericanas	Entonación exclamativa	Lugares de ocio Deportes Meses del año
9	**AL AIRE LIBRE** p. 98	–Expresar intenciones –Proponer alternativas –Expresar desconocimiento –Expresar probabilidad o duda –Expresar indiferencia –Hablar del tiempo –Expresar incertidumbre	–Marcadores temporales (I) –ir + a + infinitivo –Verbos impersonales –Presente de Indicativo de ir (irse)	–Turismo español: lugares y monumentos de interés –El clima en España y en Hispanoamérica	Acentuación de palabras de tres o más sílabas	Lugares de esparcimiento El tiempo: climas

LEC.	TÍTULO	OBJETIVOS COMUNICATIVOS	OBJETIVOS GRAMATICALES	OBJETIVOS CULTURALES	PRONUNCIACIÓN	LÉXICO
10	¿QUÉ HAS HECHO? p. 111	—Hablar de hechos pasados (I) —Dar excusas —Expresar una acción terminada —Hablar de la salud	—Marcadores temporales (II) —El Pretérito Perfecto —Participios —Pretérito Indefinido (1.ª persona) de estar, ir —Presente de Indicativo de doler	Pintura española e hispanoamericana Velázquez El Greco Dalí Diego Rivera Alfaro Siqueiros Oswaldo Guayasamín	Pronunciación y ortografía C/Z/QU/Q/K	Partes del cuerpo humano La salud
11	AYER p. 122	—Interesarse por el estado de alguien —Describir estados de ánimo —Describir estados de objetos —Hablar de hechos pasados (II)	—Uso de las Preposiciones: EN, A, DESDE, ENTRE, HASTA —Pronombres y adjetivos indefinidos —Forma negativa (II) (nadie, nada) —Pretérito indefinido de estar, ir, ver, tener, hacer, oír	Cantantes españoles: Mecano, Serrat, J. Iglesias, Rocío Jurado Cantantes hispanoamericanos: Mercedes Sosa, Los Calchaquis	Acentuación de las formas verbales	Estados de ánimo, citas
12	EL MAÑANA p. 133	—Hacer proyectos y predicciones —Expresar decepción —Hablar por teléfono —Hacer comparaciones —Pedir una información	—Comparación (I) —Pronombres posesivos (1.ª, 2.ª y 3.ª persona sing.). —Adjetivos demostrativos (II) —El Futuro Imperfecto —Futuro Imperfecto de Indicativo de hacer, tener, poder, venir, poner	Acercándonos a... Bolivia, Paraguay, Uruguay, Chile y Argentina	Pronunciación y ortografía la "g" y la "j"	Conversación telefónica

13	ANTES... y ahora
	
	p. 146
		—Hablar de acciones habituales en el pasado
		—Describir en pasado
		—Expresar alegría
		    sorpresa
		    alivio
		    fastidio/aburrimiento
		    tristeza/compasión
		—Expresar la frecuencia
			—Forma negativa (III) (nunca)
			—Diferentes funciones del verbo "quedar"
			—El Pretérito Imperfecto
			—Pretérito Imperfecto de Indicativo de jugar, tener, decir
			—Pretéritos Imperfectos irregulares: ir, ser
				Acercándonos a...
				México D.F.
					Pronunciación y ortografía la "b" y la "v"	Accidentes geográficos

14	INSTRUCCIONES p. 157	—Expresar obligación en forma personal —Expresar obligación en forma impersonal —Expresar posibilidad/prohibición —Negar (con énfasis) —Expresar que no se da importancia a algo —Ausencia de obligación/de necesidad	—Pronombres personales objeto indirecto —Las condicionales —Hay que + infinitivos —Utilización de "se" —Comparación (II)	La lengua española en el mundo	La "r" y la "rr"	Deportes e instalaciones deportivas
15	ACONTECIMIENTOS p. 168	—Expresar acciones interrumpidas por otra acción —Narrar hechos y contar la vida de una persona —Comparar	—Pretérito Indefinido de leer, morir, nacer —Estructuras comparativas	Hechos históricos: —Fusilamientos de la Moncloa de F. de Goya —El Guernica de P. Picasso —Colón y los Reyes Católicos —Los Reyes de España —España a partir de 1939	Pronunciación fuerte y relajada de la b/d/g	Sucesos y acontecimientos

UNIDAD 1

Fundación Miró. Barcelona
Fotógrafo Brotons.

UNIDAD 1

Título   ENCUENTROS

Objetivos Comunicativos

- Preguntar y decir dónde vives
- Confirmar y corregir información
- Preguntar por una palabra
- Preguntar y decir tu nombre
- Presentar y decir el origen
- Presentar y decir la profesión

Objetivos Gramaticales

- Masculino y femenino de los adjetivos y sustantivos
- Presente de indicativo de ser, llamarse, trabajar, vivir (yo/tú/él)

Objetivos Culturales

- Comunidades autónomas de España
- Miguel Hernández, un poeta del pueblo

Pronunciación

- Acentuación y entonación

Léxico

- Profesiones y nacionalidades

Objetivos.

A. *Haciendo amigos*

En la fiesta de María.

Carlos: Hola, María, ¿qué tal?
María: Muy bien. ¡Mira!, te presento a una amiga.
Carlos: ¡Hola! Soy Carlos. ¿Cómo te llamas?
Simone: Me llamo Simone.
Carlos: Simone...Simone...¿Eres francesa?
Simone: Sí, y tú, ¿de dónde eres?
Carlos: Soy venezolano.

Luis: ¿Qué haces?, ¿estudias?, ¿trabajas?... ¿O las dos cosas?
Betty: Estudio español y soy decoradora.
Luis: ¿Ah, sí? Pues yo soy diseñador de muebles.
Betty: ¡Qué acento! ¿Eres andaluz?
Luis: Sí, soy de Sevilla.
Betty: Y ¿dónde vives?, ¿en Sevilla?
Luis: No, vivo en Madrid.
Betty: Bueno... ¡Hasta la vista!
Luis: ¡Hasta pronto!

¡tienes la palabra!

| Para ayudarte: |

ALEMANIA alemán/alemana
ESTADOS UNIDOS norteamericano/a
FRANCIA francés/francesa
ITALIA italiano/italiana
REINO UNIDO inglés/inglesa

camarero/camarera
estudiante/estudiante
profesor/profesora

CONTESTA

1. ¿Cómo se llama la amiga de María?
¿De dónde es la amiga de María?
¿Qué nacionalidad tiene Carlos?

CONTESTA

2. ¿Qué estudia Betty?
¿En qué trabaja?
¿En qué trabaja Luis?
¿De dónde es Luis?
¿Dónde vive?

PRACTICA

3. A pregunta cómo se llama B.
B contesta.
A pregunta si B es español.
B contesta negativamente.
B dice su nacionalidad.
A pregunta la profesión de B.
B contesta.
A pregunta en qué ciudad vive B.
B contesta.

PRACTICA

4. A: ¿Cómo te llamas? _____ B: Me llamo _____
A: ¿De dónde eres? _____ B: Soy de _____
A: ¿Qué haces? _____ B: Soy _____
A: ¿Dónde vives? _____ B: Vivo en _____

5.

¿Qué tienes que decir para...

... saludar a un amigo?

... saber cómo se llama un compañero de clase?

... saber la nacionalidad de un nuevo amigo?

... despedirte de un amigo?

... saber la profesión de alguien?

 B. *Entre amigos*

Simone: Oye, Luis, ¿cómo se dice ''sandwich'' en español?
Luis: Sandwich o bocadillo.
Simone: ¿Cómo?
Luis: ¡Bo-ca-di-llo!

Carlos: Betty, ¿eres alemana?
Betty: No, soy inglesa.
Carlos: ¿Trabajas en Londres?
Betty: Ahora trabajo en Madrid.
Carlos: ¡Estupendo! ¡Hasta pronto, entonces!

 ¡tienes
la palabra!

Para ayudarte:

¿Cómo se dice...? ¿Cómo?
¿Eres alemán? No, soy inglés

Perú
Chile — ¿aló?
Colombia — a ver
Argentina
Uruguay — ¡hola!
México — bueno

1.

Cuando suena el teléfono, en España se contesta ''¿Dígame?''

A pregunta cómo se dice ''¿Dígame?'' en Colombia, Perú, Chile, México y Argentina.
B contesta.
A pide que lo repita.
B repite despacio.

2.

A ¿Cómo te llamas?	1 De Barcelona.
B ¿De dónde eres?	2 Andrés López.
C ¿Eres inglesa?	3 En Madrid.
D ¿Dónde vives?	4 No, soy alemana.
E ¿Qué haces?	5 Soy diseñadora.
F ¿Cómo se dice "bière"/"ale"/"beer"?	6 Se dice cerveza.

C. *Cajón de sastre: abecedario*

Escucha y repite el nombre de las letras:

A (a)	B (be)	C (ce)	Ch (che)	D (de)
E (e)	F (efe)	G (ge)	H (hache)	I (i)
J (jota)	K (ka)	L (ele)	Ll (elle)	M (eme)
N (ene)	Ñ (eñe)	O (o)	P (pe)	Q (cu)
R (ere, erre)	S (ese)	T (te)	U (u)	V (uve)
W (uve doble)	X (equis)	Y (i griega)	Z (zeta)	

A. ¿Cómo te llamas?
B. Luis Verdaguer.
A. ¿Cómo se escribe?
B. V-E-R-D-A-G-U-E-R.

¡tienes la palabra!

1. Escucha la cinta y escribe los apellidos. Léelos.

2. En parejas. El alumno A deletrea su apellido y el alumno B lo escribe.

*t*ienes que saber...

¿Cómo...?

• **PREGUNTAR Y DECIR EL NOMBRE**	A. ¿Cómo te llamas? B. Me llamo...
• **PRESENTAR Y DECIR EL ORIGEN**	A. ¿De dónde eres? B. Soy español. De Madrid
• **PREGUNTAR Y DECIR LA PROFESIÓN**	A. ¿Qué haces? B. Soy diseñadora.
• **PREGUNTAR Y DECIR DÓNDE VIVES**	A.¿Dónde vives? B. Vivo en...
• **CONFIRMAR Y CORREGIR INFORMACIÓN**	A. ¿Eres andaluz? B. Sí, soy andaluz. A. ¿Vives en Londres? B. No, vivo en Valencia.
• **DELETREAR**	
• **PREGUNTAR POR UNA PALABRA EN ESPAÑOL**	A. ¿Cómo se dice... en español?

Gramática

MASCULINO	FEMENINO
profesor	profesora
español	española
camarero	camarera
sevillano	sevillana
estudiante	estudiante

Verbos en PRESENTE

SER	LLAMARSE	TRABAJAR	VIVIR
(yo) soy	me llamo	(yo) trabajo	(yo) vivo
(tú) eres	te llamas	(tú) trabajas	(tú) vives
(él) es	se llama	(él) trabaja	(él) vive

amplía tu vocabulario

ESPAÑA
PORTUGAL
NORUEGA
GRECIA
ALEMANIA
ITALIA
DINAMARCA
BÉLGICA
FINLANDIA
SUIZA
CHINA
LOS PAÍSES
    BAJOS
(HOLANDA)

SUECIA ⟶ Suède
RUSIA
CANADÁ

tienes que saber...

EMPLEADO
Pelo
DISEÑADORA
PELUQUERO
CANTANTE
DIRECTOR
MÉDICA
ENFERMERA
ESTUDIANTE

estudiante
director/a
médico/a
diseñador/a
peluquero/a
enfermero/a
empleado/a
cantante
español/a
alemán/
alemana
italiano/a
portugués/
portuguesa
sueco/a
danés/
danesa
suizo/a
noruego/a
finlandés/
finlandesa
belga (INVARIABLE)
holandés/
holandesa
griego/a
ruso/a
japonés/
japonesa
chino/a
....
....
....
....
....

 1. Escucha la cinta y relaciona con los dibujos.

2. Escucha las preguntas del policía. Contesta SÍ o NO.

Nació en	Madrid		prov.	
el 22 de	abril	de 1963	Hijo de	Fernando
y de	Amalia	E. civil	Prof.	
domic. en	Madrid		prov.	
calle	Rodriguez Marín		n.°	69
Expedido en	Madrid		prov.	
el día 22 de	dic.	19 88	**Caduca a los 5 años**	
Gr. sanguíneo:				
SEXO:	V.	Firma del titular,		

	1	2	3	4	5
SÍ					
NO					

 3. Rellena este impreso con tus datos personales.

foto	**Escuela de Idiomas de**
	MADRID

N° matrícula _____ Curso 19 ____ a 19 ____

Curso _____ Horas _____

Nombre _____
Apellidos _____
Nacionalidad _____ n° pasaporte _____
Domicilio en Madrid _____
_____ n° teléfono _____

 **4.** Forma frases tomando un elemento de cada columna.

te	soy	Luis
—	trabajo	estudiante
me	llamas	Rosa
—	llamo	andaluza
—	eres	en Madrid

pronunciación.

estudiante
policía
Ávila
Bilbao
americano
azafata
bocadillo
camarero

— ¿Cómo te llamas?
— María de la O.
— ¿Eh?
— O.
— ¡Ah!

DESCUBRIENDO

escubriendo...

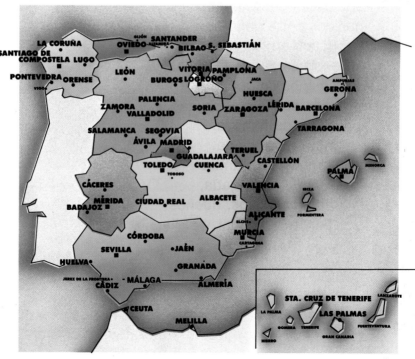

¿Qué otras ciudades y regiones españolas conoces?

madrileño/
madrileña
barcelonés/
barcelonesa
valenciano/
valenciana
sevillano/
sevillana
andaluz/
andaluza
catalán/
catalana
aragonés/
aragonesa
vasco/
vasca

El castellano, conocido como español, es la lengua oficial de España, como lo son también el catalán, el euskera, el gallego, etc... en sus respectivas comunidades autónomas.

Barcelona

Santiago de Compostela

Madrid

San Sebastián

Asturianos de braveza,
vascos de piedra blindada,
valencianos de alegría
y castellanos de alma,
labrados como la tierra
y airosos como las alas;
andaluces de relámpagos,
nacidos entre guitarras
y forjados en los yunques
torrenciales de las lágrimas;
extremeños de centeno,
gallegos de lluvia y calma,
catalanes de firmeza,
aragoneses de casta,
murcianos de dinamita
frutalmente propagada,
leoneses, navarros, dueños
del hambre, el sudor y el hacha.

Miguel Hernández, poeta español (1910-1942)
''Vientos del pueblo''

En este poema se describen los habitantes de distintas regiones españolas. Descúbrelos y sitúalos en el mapa.

UNIDAD 2

Plaza Mayor Madrid
Fotografía: Comunidad Autónoma de Madrid

UNIDAD 2

Título

CON LOS AMIGOS

Objetivos Comunicativos

- Saludar formal e informalmente
- Dar las gracias
- Preguntar y dar informaciones

Objetivos Gramaticales

- Adjetivos posesivos (I)
- Demostrativos (I)
- Plural de adjetivos y sustantivos
- Presente de indicativo de ser, trabajar, estudiar y vivir
- Números del 0 al 9 (I)

Objetivos Culturales

- México. Países de Centroamérica
- Descubriendo a DALI, CELA, V. LLOSA
- Descubriendo a José MARTI, poeta cubano

Pronunciación

- la ''j''

Léxico

- Países y nacionalidades de Hispanoamérica

Objetivos.

¡*Te presento a unos amigos!*

Esta es Carmen.
Carmen y yo somos compañeros de trabajo.
Trabajamos en un banco.

Este es Miguel.
Trabaja en una compañía de seguros.
Es argentino.
Miguel y yo somos amigos.

Estos son Lorena y Francisco.
Son salvadoreños.
Viven en San Salvador.
Son economistas.

Estas son Gina y Lucía.
Son italianas.
Son compañeras de clase.
Estudian español.

¡tienes la palabra!

| Para ayudarte: |

	SINGULAR	PLURAL
MASCULINO	este	estos
FEMENINO	esta	estas

Yo trabaj**o**/viv**o** ....
Miguel es ....
Carmen y yo viv**imos** ....
Lorena y Francisco trabaj**an** ....

En grupos de cuatro:

Imaginad nombres, nacionalidad y profesión de cada uno.

• Un miembro presenta el grupo a la clase.

Ejemplo: *Este es Pedro*
Es de San Sebastián
Es español
Es ingeniero

B. *¡Hola! ¿qué tal?*
¿Cómo está usted?

(Salut) ①¿Qué tal?
②¡Hola!

Carmen se encuentra con Lorena y Francisco.

Carmen: ¡Hola! Vosotros sois Lorena y Francisco, ¿no?
Lorena: Sí. Y tú, ¿cómo te llamas?
Carmen: Yo soy Carmen. ¿Qué tal?
Francisco: ¡Hola, Carmen! ¿Qué tal?
Carmen: ¿Sois colombianos?
Francisco: No, somos salvadoreños.
Carmen: ¿Vivís en España?
Lorena: No, estamos de vacaciones.
Carmen: ¡Pues bienvenidos a España!
Franc. y Lorena: ¡Gracias!

Lorena y Francisco hablan con el señor Muñoz, director de un banco.

Lorena: Buenos días, señor Muñoz.
Sr. Muñoz: ¡Buenos días! ¿Cómo está usted?
Lorena: Muy bien, gracias. Este es el señor Castro.
Sr. Muñoz: Mucho gusto, señor Castro.
Francisco: Mucho gusto.
Sr. Muñoz: Son ustedes economistas, ¿no?
Lorena: Sí, trabajamos en un banco en San Salvador...

¡tienes la palabra!

En parejas:
- Usad nombres, nacionalidades y profesiones imaginadas en TIENES LA PALABRA A
- Hablad con otras parejas:
    - Presentando.
    - Saludando.
    - Preguntando nombres, nacionalidades y profesiones.
    - Respondiendo a las preguntas.

C. Cajón de sastre: números

ESCUCHA Y REPITE

¡tienes la palabra!

Para ayudarte:

¿Cuál es su número de teléfono, señor Arribas?
El 200 43 95

¿Cuál es tu número de teléfono, Miguel?
Mi número de teléfono es el 423 56 80

¿Cuál es el teléfono de la Policía?
Es el 091

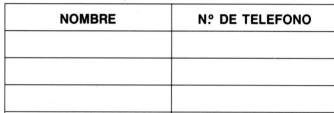

1. Pregunta el número de teléfono a cuatro compañeros/as.

NOMBRE	N.º DE TELEFONO

405 12 13

205 83 43

429 05 18

091

230 63 00

2. En parejas, A pregunta los siguientes números de teléfono y B contesta.

1) Aeropuerto
2) Ambulancias
3) Policía
4) Radio-Taxis
5) Estación de ferrocarril

¿Conoces los teléfonos de los servicios de interés y urgencias de tu ciudad?

tienes que saber...

¿Cómo…?

• **PRESENTAR A ALGUIEN**		este/esta es…	estos/estas son…
• **SALUDAR**	• INFORMALMENTE • DE FORMA INDISTINTA • FORMALMENTE	A. Hola, (¿qué tal?) A. Buenos días A. ¿Cómo está usted?	B. Hola (¿qué tal?) B. Buenos días B. (muy) Bien, gracias (¿y usted?)
• **EN PRESENTACIONES**		A. Mucho gusto	B. Mucho gusto
• **DAR LAS GRACIAS**		(Muchas) gracias	
• **PREGUNTAR Y DECIR EL NÚMERO DE TELÉFONO**		A. ¿Cuál es tu número de teléfono? ¿Cuál es su número de teléfono, Sr. Castro? B. (Mi número de teléfono) es el…	

Gramática

• **DEMOSTRATIVOS**

	SINGULAR	PLURAL
MASCULINO	est**e**	est**os**
FEMENINO	est**a**	est**as**

• **POSESIVOS**

	1.ª Pers.	2.ª Pers.	3.ª Pers./usted
MASCULINO **FEMENINO**	MI	TU	SU

• **PLURAL** de adjetivos y nombres:

  singular terminado en **-a, -e, -o**: se añade **-s**
    arquitecto - arquitectos; venezolana - venezolanas

  singular terminado en consonante: se añade **-es**
    español - españoles; profesor - profesores

VERBOS en PRESENTE

	SER	**LLAMARSE**	**ESTUDIAR**
yo	soy	me llamo	estudio
tú	eres	te llamas	estudias
él, ella/Vd.	es	se llama	estudia
nosotros	somos		estudiamos
vosotros	sois		estudiáis
ellos/ellas/Vds.	son		estudian

	TRABAJAR	**VIVIR**
yo	trabajo	vivo
tú	trabajas	vives
él, ella/Vd.	trabaja	vive
nosotros	trabajamos	vivimos
vosotros	trabajáis	vivís
ellos/ellas/Vds.	trabajan	viven

LÉXICO

amplía tu vocabulario

Cuba	cubano/a	Méjico	mejicano/a
Colombia	colombiano/a	Nicaragua	nicaragüense
Costa Rica	costarricense	Panamá	panameño/a
Guatemala	guatemalteco/a	El Salvador	salvadoreño/a
Honduras	hondureño/a	Venezuela	venezolano/a

¡OJO! Diferencias entre el español de España y el español de Hispanoamérica:

En Hispanoamérica no se dice "vosotros", se usa "USTEDES":
   Ej.: ustedes son buenos amigos.

En Centroamérica, Colombia, Ecuador, Paraguay, Uruguay y Argentina no se dice "tú", se usa "VOS".
   Ej.: VOS eres/sos muy simpático (Argentina).
      Tú eres muy simpático (España).

1.

Lee el texto:

Habla una directora de banco.

«Me llamo Felisa. Soy de Valencia. Soy directora de un banco. Mi trabajo es interesante pero duro. Trabajo muchas horas.

Por las tardes tengo clases particulares de inglés en mi casa. El inglés es muy importante para mí. Mi profesor es norteamericano. Las clases son muy divertidas.

Los fines de semana descanso y leo *leer* mucho...»

Comprensión del texto:

1) ¿Cómo se llama la directora?
2) ¿De dónde es?
3) ¿Qué estudia?
4) ¿Cómo es su trabajo en el banco?
5) ¿Qué hace los fines de semana?

2.

¿Qué sabes de estas personas? Preséntalas.

3.

Escucha la conversación, completa el cuadro:

Nombre	Profesión	¿De dónde es?	Nº de tfno.	Vive en...

4.

Escribe una carta a tu ''amigo/a por correspondencia''. Le mandas esta foto de un amigo.

Explica quién es, su nombre, profesión, etc.

pronunciación...

descubriendo...

Juan
trabajo
Julio
trabajas
Javier

"ja, ja, ja"

"je, je, je"

"ji, ji, ji"

DESCUBRIENDO

GUANTANAMERA

Yo soy un hombre sincero
de donde crece la palma,
y antes de morirme quiero
echar mis versos del alma.

Mi verso es de un verde claro
y de un carmín encendido,
mi verso es de un ciervo herido
que busca en el monte amparo.

Con los pobres de la tierra quiero yo mi suerte echar.
El arroyo de la sierra
me complace más que el mar.

José Martí.

**Estos versos de José Martí, escritor cubano (1853-1895)
han sido cantados por muchos artistas.
Es una canción muy conocida en España e Hispanoamérica.**

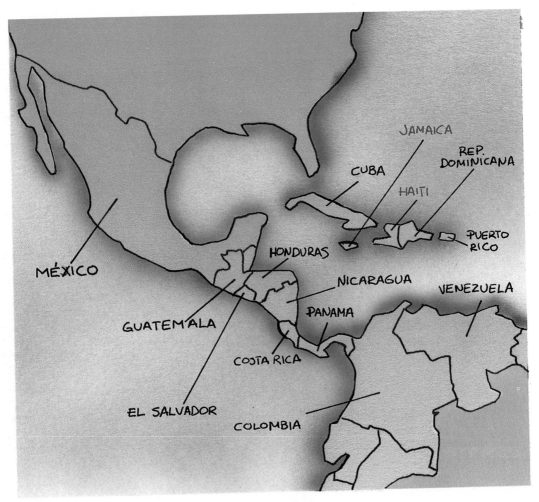

d **escubriendo...**

País	Extensión Km²	Población Mill.	Moneda
México	1.972.000	80	Peso mexicano
Colombia	1.139.000	29	Peso Colombiano
Venezuela	912.000	17,7	Bolívar
Nicaragua	130.000	3,3	Córdoba
Cuba	114.000	10	Peso
Honduras	112.000	4	Lempira
Guatemala	108.000	8	Quetzal
Panamá	77.000	2,2	Balboa
Costa Rica	50.000	2,6	Colón
Rep. Dominicana	48.000	6	Peso
El Salvador	21.000	5	Colón
Puerto Rico	8.800	3,3	Dólar USA
	4.691.800	171,1	

UNIDAD 3

Barrio de la Boca Buenos Aires (Argentina).

UNIDAD 3

Título

¿DÓNDE VIVES?

Objetivos Comunicativos

- Preguntar por una cantidad y responder
- Localizar objetos
- Describir objetos

Objetivos Gramaticales

- Artículos determinados
- Números (cardinales y ordinales)
- Forma negativa (I)
- Presente de indicativo de estar, tener, poner

Objetivos Culturales

- Tipos de vivienda en España e Hispanoamérica
- Casas típicas
- Pío Baroja, un novelista de la Generación del 98
- Eduardo Galeano: Las venas abiertas de América Latina

Pronunciación

- la ''r''

Léxico

- La casa: muebles y objetos

bjetivos.

Buscamos un piso

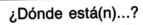

Agente: Pasen... pasen. Este piso es bastante grande. Primero está el recibidor. A la derecha están los dormitorios y a la izquierda, el salón.
Ana: ¿Cuántos dormitorios tiene?
Agente: Tres. Uno grande y los otros dos más pequeños.
Sergio: No está mal. Y el cuarto de baño, ¿dónde está?
Agente: Allí, al fondo del pasillo, al lado del dormitorio grande. La cocina está aquí mismo, a la izquierda.
Ana: Oiga... ¿Cuánto es el alquiler?
Agente: Bueno, bien,... ahora hablamos del precio.

¡tienes la palabra!

Para ayudarte:

el dormitorio/la cocina
los dormitorios/las cocinas

a + el ⟶ al
de + el ⟶ del

¿Dónde está(n)...?
está(n) aquí/allí
al fondo (de)
al lado (de)
a la izquierda
a la derecha

¿Cuántos dormitorios tiene? Tres.
¿Cuánto es el alquiler? ....

1. En parejas.
    A dibuja el plano de una casa.
    B hace preguntas a A para saber cómo es la casa.
    A va contestando a B.
    B dibuja un plano con las informaciones que le da A.
    A y B comparan sus planos y corrigen el plano de B...
    si hay errores.

2. Compara la habitación de Juan con la habitación de Luis.

La habitación de Juan

La habitación de Luis

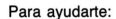

el teléfono está..

la cama...

los zapatos..

los libros...

la radio..

B. *La casa de Sergio*

Javier: te voy a contar cómo vivo en Madrid. Espero que te guste.

Vivo en la calle Arenal, en un edificio antiguo, muy bonito. Tiene cuatro pisos y nosotros vivimos en el tercero. Mi casa no es muy grande pero es cómoda. Tiene tres dormitorios, un salón, la cocina y un cuarto de baño. Es un piso exterior muy alegre. Está en una calle bastante tranquila. Sólo tiene dos problemas: en invierno la casa es fría y en verano muy calurosa; además tengo unos vecinos muy, muy ruidosos.

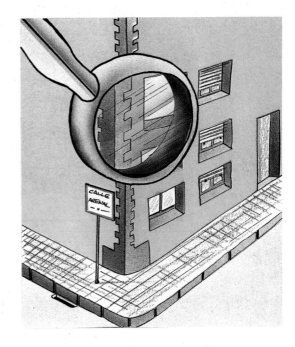

¡tienes la palabra!

Para ayudarte:

antiguo ≠ moderno	
grande ≠ pequeño	
cómodo ≠ incómodo	
exterior ≠ interior	
bonito ≠ feo	
tranquilo ≠ ruidoso	
alegre ≠ triste	
frío ≠ caluroso	

MUY BONITO + + +
bastante bonito + +
bonito +

1. Cuéntanos cómo es tu casa; señala las diferencias con la casa de Sergio.
Ejemplo: *Mi casa no es antigua, es (bastante) moderna...*

2. ¿Cómo son estos coches? Descríbelos.

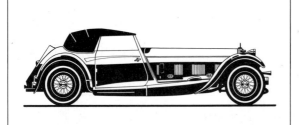
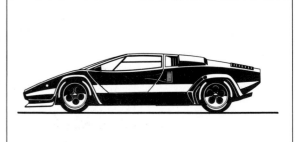

Cajón de sastre: ¡más números!

1.

Números (del 10 al 20):   10 11 12 13 14 15 16 17 18 19 20

2.

En cada frase aparece un número. <u>Subráyalo</u>

- Tenemos diez dedos en las manos.
- Un equipo de fútbol tiene once jugadores.
- El año tiene doce meses.
- El número trece da mala suerte.
- Mi habitación del hotel es la catorce.
- Tengo quince días de vacaciones.
- El monasterio del Escorial es del siglo dieciséis.
- Somos diecisiete vecinos en la casa.
- Juan tiene dieciocho años. Ya puede votar.
- La Universidad Autónoma está a diecinueve kilómetros de Madrid.
- Somos veinte alumnos en esta clase.

¡tienes la palabra!

1. Haz una frase utilizando uno de estos números.
Escucha las frases de tus compañeros y apunta los números.

2. En parejas.
A pregunta dónde vive cada vecino y B responde.

Alonso	Morales
Gómez	Rosal
Toro	Marín
Castro	Muñoz

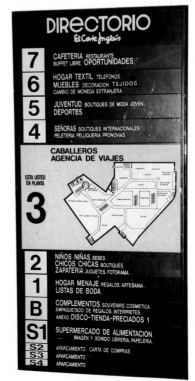

3. En grupos:
A mira el directorio y responde a las preguntas.
B,C,D... preguntan por algunos objetos:
  Ej.: B. *¿Las lámparas, por favor?*
  A. *En la sexta planta.*

CONTENIDO COMUNICATIVO

¿Cómo...?

• **PREGUNTAR POR UNA CANTIDAD Y RESPONDER**	A. ¿Cuántas habitaciones tiene? B. Tres
• **PREGUNTAR Y DECIR DÓNDE ESTÁN LAS COSAS O PERSONAS, EN RELACIÓN A OTRAS**	A. ¿Dónde está el cuarto de baño? B. Al fondo del pasillo
• **DESCRIBIR OBJETOS (UNA CASA, LOS MUEBLES)**	Este piso es muy grande, es moderno...

CONTENIDO LINGÜÍSTICO

Gramática

Artículos:

EL	LA
LOS	LAS

A + EL = AL
DE + EL = DEL

Al lado **del** sofá

Números:

Cardinales: once, doce, trece, catorce, quince, dieciséis, diecisiete, dieciocho, diecinueve y veinte.

Ordinales: primero, segundo, tercero, cuarto, quinto, sexto, séptimo, octavo, noveno y décimo.

piso primero   planta primera

DECIMO
NOVENO
OCTAVO
SEPTIMO
SEXTO
QUINTO
CUARTO
TERCERO
SEGUNDO
PRIMERO
BAJO
PARADA
LLAMADA

Forma negativa de los verbos:

Mi casa **no** es muy grande.

Algunos verbos más en presente:

ESTAR	TENER	PONER
estoy	tengo	pongo
estás	tienes	pones
está	tiene	pone
estamos	tenemos	ponemos
estáis	tenéis	ponéis
están	tienen	ponen

LÉXICO

amplía tu vocabulario

¡OJO! Léxico de América

bonito/lindo
el coche/el auto, el carro
el apartamento/el departamento
el cuarto/la pieza
el ascensor/el elevador
la mesita de noche/la mesita de luz (Argentina), el buró (México)

cuarto = salle, pièce –

Partes de la casa

salle à manger
el comedor
el salón
la cocina
el pasillo *couloir*
el cuarto de baño
salle de bain
la habitación
el dormitorio
la terraza
el recibidor (vestíbulo)
el sótano (sous-sol)
un piso (1) = suelo (plancher) = étage(planta) = un apartamento

Muebles y objetos

el armario *armoire*
la cama *lit*
la alfombra *tapis*
el cuadro *tableau*
el sofá
la silla *la chaise*
el espejo *miroir*
la ducha *douche*
la mesa *table*
la lámpara *lampe*
las llaves *clés*
las cortinas *rideaux*
la mesilla de noche
tablette) de nuit

cou intercom
PATIO

1. Mira estas dos habitaciones. Di cuáles son las diferencias

Dibujo A   Dibujo B

Ej.: en el dibujo B, la mesa es pequeña.

2. Escribe una carta a un amigo describiendo tu casa, como hace Sergio (Página 31).

_____

_____

_____

_____

3. Ana y Sergio alquilan el piso y hacen la mudanza. Sigue las instrucciones de Ana y coloca los muebles en el plano de la casa escribiendo los números:

1. el sofá
2. los sillones
3. la lavadora
4. la cama de matrimonio
5. la cama pequeña
6. la mesa, las sillas
7. la estantería

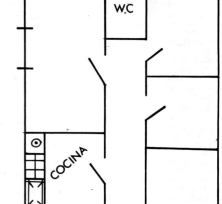

4. Escucha y apunta dónde vive cada familia.

Martínez ....

Monteviejo ....

Alarcón ....

Gómez ....

Oquendo ....

barrio
ruidoso
Rodríguez
radio

«El perro de San Roque
no tiene rabo
porque Ramón Ramírez
se lo ha cortado».

¿Qué sonidos podrías imitar utilizando la «r»?

D E S C U B R I E N D O

Vivir en España

En España, en las ciudades, la mayor parte de la gente vive en bloques de pisos.
Una modalidad de piso es el apartamento, que es mucho más pequeño y en el que
pueden vivir una o dos personas solamente.
El chalé es una casa unifamiliar con jardín. La modalidad de chalés adosados es
relativamente moderna en España.
Según las zonas de España, hay diversos tipos de viviendas rurales:
el «caserío» en el País Vasco, la «barraca» en Valencia y Murcia, la «masía» en Cataluña...

Vivir en Hispanoamérica

A los bogotanos y caraqueños les gusta vivir en casas con patios y muchas flores.
También viven en bloques de apartamentos o rascacielos. Los habitantes de la ciudad de México, Bogotá, Lima o Caracas que han emigrado del campo a la ciudad
y que son generalmente muy pobres, viven en chozas y en casas pequeñas. Como
escribe Eduardo Galeano: «En los cerros de Caracas, medio millón de olvidados con-
templa, desde sus chozas armadas de basura, el derroche ajeno».

Chalés adosados. Madrid

Caserío vasco

Patio colonial. México

Rascacielos. Caracas (Venezuela).

Al pasar en el tren o en el coche por las provincias del Norte, ¿no habéis visto casas solitarias que, sin saber por qué, os daban envidia? Parece que allá dentro se debe vivir bien, se adivina una existencia dulce y apacible; las ventanas con cortinas hablan de interiores casi monásticos de grandes habitaciones amuebladas con arcas y cómodas de nogal, de inmensas camas de madera.

Pío BAROJA. **Vidas sombrías**

Caracas, la capital de Venezuela, creció siete veces en treinta años; la ciudad patriarcal de frescos patios, plaza mayor y catedral silenciosa se ha erizado de rascacielos en la misma medida en que han brotado las torres de petróleo en el lago de Maracaibo. Ahora, es una pesadilla de aire acondicionado, supersónica y estrepitosa...

Eduardo Galeano
Las venas abiertas de América Latina

¿Qué diferencias ves entre la vida en un caserío y en un apartamento de Caracas?

descubriendo...

TEST 1

Repaso unidades 1, 2 y 3

1. Completa:

a. A. ¿Qué . . . . . . ?
   B. Soy azafata.

b. A. ¿ . . . . . . colombianos?
   B. No, ... salvadoreños.
   A. Y ¿ . . . . . . en España.
   B. No, ... en S. Salvador.

c. A. Buenos días, ¿cómo . . . . . . usted?
   B. Muy bien, gracias.

d. A. ¿Cómo . . . . ?
   B. Carmen, ¿y tú?

e. A. ¿Vd. . . . . economista?
   B. No, ... en un banco.

f. A. ¿Dónde . . . . Vds.?
   B. . . . . en una compañía
      aérea.

2. Completa con SER/ESTAR:

a. Este piso . . . . bastante grande.
b. La cocina . . . . al fondo del pasillo.
c. Los sillones . . . . bastante bonitos.
d. A. ¿Dónde . . . . mis libros?
   B. Aquí.
e. Estos zapatos . . . . muy incómodos.
f. A. ¿Dónde . . . . el teléfono?
   B. Al lado de los libros.
g. A. ¿De dónde . . . . Vds.?
   B. De Buenos Aires.
h. Mi casa . . . . muy calurosa.
i. María . . . . estudiante.
j. Andrés y Antonio . . . . en la cocina.

3. ¿Dónde está el gato?

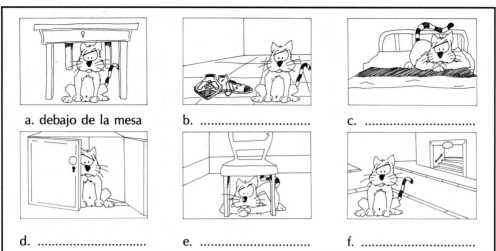

a. debajo de la mesa

b. ....

c. ....

d. ....

e. ....

f. ....

4. Escribe el piso:

Piso	puerta	
a. 3.º	3.ª	tercero tercera
b. 5.º	A	. . . .
c. 7.º	B	. . . .
d. 3.º	dcha.	. . . .
e. 1.º	1.ª	. . . .
f. 4.º	2.ª	. . . .
g. 7.º	izda.	. . . .
h. 9.º	5.ª	. . . .

5. Escribe el número:

a.	Nueve	9			
b.	quince	——————	g.	once	——————
c.	doce	——————	h.	catorce	——————
d.	diez	——————	i.	veinte	——————
e.	ocho	——————	j.	siete	——————
f.	dieciséis	——————	k.	diecinueve	——————

6. Completa:

Mi . . . . es bastante grande. Tiene cuatro . . . ., un . . . ., un cuarto de baño y la . . . . . . En mi dormitorio tengo una . . . ., una . . . . . . de noche, una . . . . para estudiar y dos . . . . con libros. En el comedor tenemos una . . . ., seis sillas y dos . . . . muy cómodos.

UNIDAD 4

Callejón de las Flores Córdoba
Fotógrafo Brotons.

UNIDAD 4

Título

POR LAS CALLES

Objetivos Comunicativos

- Dirigirse a un desconocido
- Preguntar por una dirección
- Dar instrucciones para llegar a un lugar
- Preguntar y decir la hora

Objetivos Gramaticales

- Artículos indeterminados
- Hay...
- Presente de indicativo de ir, venir, coger, seguir, cerrar
- Números (II)

Objetivos Culturales

- Moverse por la ciudad
- Sevilla

Pronunciación

- la / ⊖ /

Léxico

- La ciudad: establecimientos públicos y transportes

estanco (tabagie)

comisaría

N.B. : On = 'se' (3.º p. s)

"Se habla Frances"

Como se va

Como voy

IMP (ir + a) + Destinación

(ir à casa, ir al colegio)

A. ¿*Hay una farmacia cerca?*

Andrés: Perdone, ¿hay una farmacia cerca?
... Sí, hay una cerca de aquí, en la calle Sorolla.
Andrés: Por favor, ¿cómo se va?
... Sigue todo recto, coge la segunda calle a la derecha y luego la primera a la izquierda. Allí está.
Andrés: Gracias. Muy amable.
... De nada.

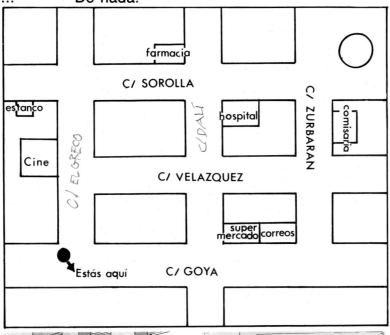

¡*tienes la palabra!*

En parejas: Pregunta a tu compañero por el supermercado, hospital, farmacia, estanco...

Ejemplo: A. *¿Hay un supermercado cerca?*
B. *Sí, hay uno en la calle...*
A. *¿Cómo se va?*
B. *Sigues... coges...*

B. ¿*Cómo voy a tu casa?*

Andrés:	¿Vienes esta tarde a mi casa?
Juan.	De acuerdo. Y, ¿cómo voy? ¿en metro o en autobús?
Andrés.	Mejor en autobús. Coges el 16 y te bajas en la tercera parada, en la Plaza de España; atraviesas la plaza y al lado de un supermercado está mi casa.
Juan.	¡Qué lío! ¿Qué calle es?
Andrés.	No es ningún lío. Es muy fácil. Es el número diez de la calle Leganitos.
Juan.	Bien. ¿Y a qué hora voy?
Andrés.	A las siete o a las siete y media.
Juan.	Vale. ¡Hasta luego!

¡*tienes la palabra!*

Para ayudarte:

> A. ¿Cómo voy a tu casa?
> B.   en autobús
>   en metro
>   en taxi
>   andando
>   coges el autobús
>   te bajas en...

1. En parejas. A. pregunta a B si quiere ir a su casa.
B. contesta afirmativamente y pregunta dónde vive A.
A. contesta.
B. pregunta cómo va a la casa de A.
A. contesta señalando un medio de transporte.
B. pregunta a qué hora va.
A. contesta.
A y B se despiden.

C. *Cajón de sastre: la hora y más números*

A. ¿Qué hora es?/ ¿Qué hora tienes?
Mira el reloj.

Los minutos

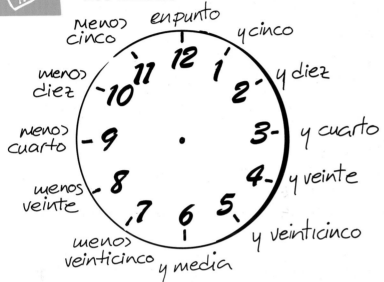

B. Es la una.

B. **Son** las dos.

B. Son las dos menos diez.

B. Son las siete y diez.

HORARIO
9.30 — 12.45
5.00 — 20.00

farmacia de guardia

• ¿A qué hora abren las farmacias?
• A las nueve y media.

¡más números!

10 diez	300 trescientos/as
20 veinte	400 cuatrocientos/as
30 treinta	500 quinientos/as
40 cuarenta	600 seiscientos/as
50 cincuenta	700 setecientos/as
60 sesenta	800 ochocientos/as
70 setenta	900 novecientos/as
80 ochenta	123 ciento veintitrés
90 noventa	105 ciento cinco
100 cien	1.534 mil quinientos
200 doscientos/as	treinta y cuatro

45

¡tienes la palabra!

1.

En parejas.   A: dibuja la esfera de un reloj con una hora y la enseña a B.

B: dice la hora dibujada.

Ejemplo: *A: ¿Qué hora es?*

B: Son las dos y cuarto.

2.

¿A qué hora abren y cierran en tu país...

— los bancos

— las farmacias

— Las oficinas de Correos

— los grandes almacenes

— los supermercados

— los museos

— los bares?

3.

Observa el horario de salidas y llegadas de Vuelos Internacionales.

SALIDAS				LLEGADAS			
vuelo	destino	hora	puerta	vuelo	procedencia	hora	puerta
356	SANTIAGO	19.35	4	208	MONTEVIDEO	20.05	1
312	NUEVA YORK	19.55	2	347	BOGOTA	20.30	2
427	LIMA	20.40	3	513	MADRID	21.15	1
298	B. AIRES	21.50	4	656	LONDRES	22.00	2

En parejas: 1) A. ¿A qué hora llega el avión de Bogotá?

B. A las veinte treinta.

2) A. ¿Qué vuelo va a Nueva York?

B. el 312.

4.

MUSEO ROMANO

mañanas: 10 h. a 13 h.

tardes: 16 h. a 19 h.

Ej.: A. ¿A qué hora abre la farmacia?

B. A las nueve y media.

A. ¿Qué horario tienen las farmacias?

B. Por las mañanas, de nueve a una y media, y por las tardes, de cinco a ocho.

Pregunta y contesta tú

A. ¿A qué hora abre el Museo Romano?

B. ....

A.¿ .... ?

B. ....

CONTENIDO COMUNICATIVO

¿Cómo...?

- **DIRIGIRSE A UN DESCONOCIDO**

  A. Perdone...

- **DAR LAS GRACIAS Y RESPONDER**

  A. Gracias.
  B. De nada.

- **PREGUNTAR SI EXISTE UN LUGAR O COSA Y CONTESTAR**

  A. ¿Hay una farmacia/un estanco...?
  B. Sí hay una/uno...

- **PREGUNTAR CÓMO IR A UN LUGAR Y DAR INSTRUCCIONES PARA LLEGAR**

  A. ¿Cómo voy...?/se va...?
  B. Coges el 12 y te bajas...
  en metro/taxi/andando. Sigues todo recto... coges la primera a la izquierda... atraviesas la calle...

- **PREGUNTAR Y DECIR LA HORA**

  A. ¿Qué hora es?
  B. Son las dos menos cuarto/diez...

- **PREGUNTAR POR EL HORARIO**

  A. ¿A qué hora abren/cierran?
  B. A las nueve.

CONTENIDO LINGÜÍSTICO

Gramática

Artículos indeterminados

un	una
unos	unas

el autobús	un autobús
la carta	una carta
los billetes	unos billetes
las tiendas	unas tiendas

Más verbos en presente

IR	VENIR	SEGUIR	COGER	CERRAR
voy	vengo	sigo	**cojo**	cierro
vas	vienes	sigues	coges	cierras
va	viene	sigue	coge	cierra
vamos	venimos	seguimos	cogemos	cerramos
vais	venís	seguís	cogéis	cerráis
van	vienen	siguen	cogen	cierran

LÉXICO

 amplía tu vocabulario

El centro
la parada del autobús
la estación de metro
el parque
la biblioteca
el barrio
la tienda
el periódico
cruzar la avenida
las siete **en punto**
    cerca de/lejos de/enfrente de

¡OJO! Léxico de Hispanoamérica

''coger'' no se dice, se emplea ''agarrar, tomar''
el metro = el subterráneo (''el subte'', en Argentina)
el estanco = el quiosco de cigarrillos

Si Juan está en Venezuela **toma** la GUAGUA.
Si está en México **toma** el CAMIÓN.
Si está en Argentina **toma** el COLECTIVO.
Si está en Perú **toma** la GÓNDOLA.

1.

Describe el barrio donde vives usando este vocabulario:

vivo en	el centro	en
está en	la calle	al lado de
hay	una/la parada	cerca de
	una/la estación de metro	lejos de
	un/el supermercado	enfrente de
	un/el banco	a la izquierda
		a la derecha

2.

Mirando el plano del metro de Ciudad de México...

A. ¿Cómo se va de Chapultepec a Hidalgo?

B. Coges la línea 1 hasta Balderas. Allí cambias, coges la línea 3 y bajas en la segunda estación.

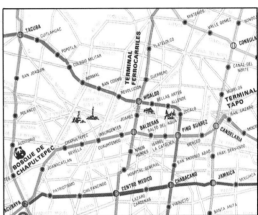

Haz lo mismo con los trayectos:
— de Chilpancingo a Zócalo
— de Misterios a Moctezuma
— de Lázaro Cárdenas a Morelos

3.

Escucha y completa con la hora correspondiente

TVE-1

7,45 **Carta de ajuste.**
- 7,59 **Apertura.**
......**Buenos días.** Dirección: Pedro Piqueras. El programa incluye: Gimnasia. Dibujos animados.
......**Por la mañana.** Dirección y presentación: Jesús Hermida.
......**El pájaro loco.** «Os pido posada».
......**3 × 4.** Programa concurso, desde Barcelona.
......**Informativos territoriales.**
......**Conexión con la programación nacional.**
　　Telediario 1.
　　Falcon Crest.
　　Por la tarde.
　　Avance Telediario.
　　Los mundos de Yupi.
　　Reloj de luna.

«Musical», con el cantautor Silvio Rodríguez (TVE-2, 18,30 h.).

ctividades.

a

vacaciones
nacionalidad
hacer
plaza
policía
Venezuela
Valencia
cocina

ME LLAMO CECILIA

— ¿Qué sonido se repite en todas estas palabras?
— ¿Cuál es la posición de la lengua?
— ¿Qué otras palabras conoces que tengan el mismo sonido?

DESCUBRIENDO

Para pasearte por Madrid...

Si no tienes coche, puedes pasearte por Madrid en metro o autobús. El viaje en metro cuesta 90 pesetas, pero puedes comprarte un carnet de 10 viajes por sólo 410 pesetas.

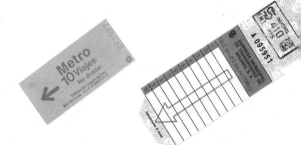

Puedes coger el autobús y ver al mismo tiempo la ciudad. El billete de autobús cuesta 90 pesetas, como el metro. Te sale más barato si compras el "bono-bus" de 10 viajes por 410 pesetas.

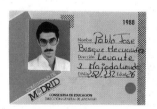

Pero, lo más barato es el Abono Transportes... eso sí, tienes que pasar un mes entero en Madrid. Puedes utilizar cualquier medio de transporte por 3.000 pesetas.

... y si tienes menos de 18 años, ¡2.000 pesetas!

Un paseo por Sevilla

La Catedral, del siglo XV, es de estilo gótico. Fue construida sobre la Mezquita de Sevilla.

Barrio de Santa Cruz, antiguo barrio judío.

Las procesiones de Semana Santa constituyen un espectáculo inolvidable y tienen renombre universal.

La Giralda, construida por los árabes en el siglo XII.

Feria de abril: explosión de alegría y colorido.

Plano de Sevilla.

UNIDAD 5

Mesón típico Madrid
Fotografía: Comunidad Autónoma de Madrid

UNIDAD 5

Título   EN EL RESTAURANTE

Objetivos Comunicativos
- Preguntar por un deseo o necesidad
- Preguntar el importe
- Pedir la comida
- Pedir que alguien haga algo
- Responder a peticiones
- Expresar los gustos

Objetivos Gramaticales
- Imperativo formal
- Imperativo informal
- Presente de indicativo de poder, querer, hacer

Objetivos Culturales
- Hábitos alimenticios
- Horarios de comidas
- Alimentos de España e Hispanoamérica
- Descubriendo a Manuel Machado

Pronunciación
- Acentuación

Léxico
- Alimentos: carnes, pescados, frutas y verduras

Objetivos.

A comer...

Ana y Fernando están en un bar.

Fernando: ¡Camarero! ¡Por favor!
Camarero: Sí, ¿qué quieren tomar?
Ana: Fernando, ¿tú qué tomas?
Fernando: Pues, una caña. → *Draft*
Ana: Ponga dos cañas, por favor. *quelconque*
Camarero: Dos cañas, muy bien. ¿Quieren algu-
na tapa? → *antipasto*
Fernando: No, gracias.
Ana: Yo sí quiero. Tengo hambre.
Fernando: Es que, no tengo mucho dinero.
Ana: Bueno, pues no tengo hambre.
Fernando: ¿Cuánto es?
Camarero: Son 180 pesetas.

La cuenta = addition

Mar y Moncho están comiendo en
un restaurante.

Camarero: Buenos días. Aquí tienen la carta.
Mar: Gracias. A ver qué podemos comer...
Moncho: Yo ya lo he pensado, quiero de pri-
mero espárragos con mahonesa y de
segundo, merluza a la vasca.
Camarero: Muy bien. ¿Y usted?
Mar: Yo no tengo mucha hambre, sólo
quiero una ensalada.
Moncho: ¡Mujer, algo más! Pónganos algo de
picar, para empezar, un poco de ja-
món y un poco de queso.
Camarero: De acuerdo. ¿Y de beber?
Mar: Agua mineral.
Moncho: Yo, cerveza.

¡tienes la palabra!

1 En el bar.
¿Qué bebe Fernando?
Y Ana, ¿qué toma?
¿Ana quiere comer algo?
¿Por qué?
¿Ana y Fernando toman alguna tapa?

¿Por qué?
¿Cuánto son las dos cañas?
¿Te parece barato? ¿caro?
Compara estos precios con los de
tu país.

2. En el restaurante.
¿Qué pide Moncho?
¿Mar tiene hambre? ¿Qué pide?
¿Qué pide Moncho para "abrir boca"?
Y de beber, ¿qué toman?

3. Elige un papel:
— camarero/a de bar / cliente de bar
— camarero/a de restaurante / cliente de restaurante
Representa tu papel con otro compañero. Luego, cambia los papeles.

B. *Hablando de gustos...*

Julia y Luis están en una emisora de radio, hablando con el presentador.

Pres.: ¿A ti qué te gusta, Julia?
Julia: A mí me gusta la música clásica, me gustan los ordenadores, me gusta leer...
Pres.: Y, ¿te gusta jugar a las cartas?
Julia: No. Me gusta jugar al ajedrez.
Pres.: ¡Qué intelectual!

Pres.: Y a ti, Luis, ¿qué te gusta?
Luis: Pues... me gusta mucho la música moderna, las motos me gustan bastante, me gusta leer...
Pres.: ¿A ti te gusta jugar al ajedrez?
Luis: No, no me gusta nada. No me gusta pensar. A mí me gusta ir a la discoteca o a los conciertos rock.

¡tienes la palabra!

Para ayudarte:

a mí me gusta... a ti te gusta... a él/ella le gusta...	me gusta leer me gustan las motos	me gusta mucho me gusta bastante no me gusta mucho no me gusta nada

1. En parejas. Pregunta a tu compañero/a si le gustan las mismas cosas que a Julia y a Luis:
A. *¿Te gusta...?*
B. *Sí, me gusta/No, no me gusta.*

2. Explica lo que le gusta a tu compañero/a
"A... le gusta... y...
No le gusta...

3. Ahora mira la lista de comidas de la página 62 y di lo que te gusta.

C. *Cajón de sastre: ¡qué lío!*

Escucha estas frases y repítelas:

No le oigo

- ¿Puedes coger el teléfono?
- Pon estos paquetes en el armario, por favor.
- ¿Puedes hacer dos fotocopias?
- ¿Puedes darme unos datos?
- Siéntese, por favor.
- ¿Puedes cerrar la ventana? Hay mucho ruido.
- Abra la puerta, Luis. Están llamando.
- ¿Puede repetir este número?
- No le oigo. ¿Puede hablar más alto?
- Escriba aquí su dirección.

- Sí, ya voy
- Vale.
- Ahora mismo.
- Lo siento, ahora no puedo.
- Gracias.
- Claro, enseguida.
- Ahora mismo.
- Sí, ...
- ...
- Vale.

Ahora mira estas escenas. Escribe cada número delante de su frase correspondiente.

¡*tienes la palabra!*

Para ayudarte:

¿puede(s):	cerrar...?
	coger...?
	abrir...?

imperativo:
(tú)   cierra / abre
(usted)   cierre / abra

1.   ¿Qué dirías en estas situaciones?

— Estás en el cine. Una persona está hablando muy alto.
  Ejemplo: *¿Puede hablar más bajo, por favor?*
— Estás en la clase. Tu profesor/a está explicando. Tú no entiendes.
— Estás en casa con tu familia. Suena el teléfono. Tú estás en la ducha.
— Estás en la oficina, hablando por teléfono. Una persona te interrumpe.
— Estás en casa de unos amigos. La ventana está abierta y hace frío.
— Estás en tu casa. Llaman a la puerta. Estás ocupado/a.

2.   En grupos de cuatro. Por turno, da órdenes a tus compañeros.
  Ejemplo: *¡Habla en español! ¿Puedes abrir la puerta?*

Tienes que saber...

¿Cómo...?

• **PREGUNTAR POR UN DESEO O NECESIDAD**	¿Qué quiere/quieres? ¿Quiere/quieres...?
• **PREGUNTAR el importe**	¿Cuánto es?/La cuenta, por favor
• **PEDIR LA COMIDA**	(Yo quiero) de primero postre/beber/comer...
• **PEDIR QUE ALGUIEN HAGA ALGO**	TÚ — USTED abre, (por favor) — abra, (por favor) ¿Puedes abrir, (por favor)? — ¿Puedes abrir, (por favor)?
• **RESPONDER A PETICIONES**	(Sí), ahora mismo/vale/claro (No), lo siento, (ahora no puedo).
• **EXPRESAR GUSTOS**	¿Te gusta la música clásica? No, no me gusta (nada).

Gramática

Imperativo

	COGER	PONER	HACER	DAR	SENTARSE	CERRAR	ABRIR	HABLAR	REPETIR
(tú)	COGE	**PON**	**HAZ**	DA(ME)	SIÉNTATE	CIERRA	ABRE	HABLA	REPITE
(Usted)	COJA	**PONGA**	**HAGA**	DE(ME)	SIÉNTESE	CIERRE	ABRA	HABLE	REPITA

Más VERBOS en PRESENTE

PODER	QUERER	HACER
puedo	quiero	**hago**
puedes	quieres	haces
puede	quiere	hace
podemos	queremos	hacemos
podéis	queréis	hacéis
pueden	quieren	hacen

LÉXICO

amplía tu vocabulario

CARNES Y EMBUTIDOS
el cordero *agneau*
la ternera *veau*
el pollo *poulet*
el cerdo *porc*
el jamón
el chorizo *saucisson piquant*

FRUTAS
la manzana *pomme*
la naranja *orange*
la pera
la uva *raisin*
el plátano *banane (esp.)*
el melocotón *pêche*
el melón

PESCADO
la sardina *sardine*
la merluza *colin*
la trucha *truite*
el bacalao *morue*
el lenguado *sole*

verdure

VERDURAS Y HORTALIZAS → *potagers (carottes, etc...)*
las espinacas
las judías verdes *haricots verts*
la lechuga
el tomate
las patatas
las cebollas *oignons*
los ajos *ail*

PASTELERÍA
el pastel
la tarta

¡OJO! Léxico de Hispanoamérica
fresa = frutilla (Argent.)
judías verdes = chauchas (Argent.)
ejotes (México)
pastel = torta (Argent.)
plátano = banana (Argent.)
gustar = provocar (Colombia)
patatas = papas
zumo = jugo (México)

VASO
CUCHILLO
CUCHARA
SERVILLETA
PLATO
TENEDOR

(vertical text, left margin) **tienes que saber...**

1. Mira la nota del camarero y escucha a los clientes. Hay errores en la nota. Corrígelos.

casa PACO

1 judías verdes
2 entremeses
1 salmón
1 merluza romana
1 chuletas de cordero
2 helados de fresa
1 helado de chocolate
cerveza
agua.

padre

madre

hijo

	de primero	de segundo	de postre
	judías verdes		

2. ¿Qué le gusta a tu compañero/a?

En grupos.
- cada uno escribe en un papel una cosa que le gusta.
- se doblan y mezclan todos los papeles.
- Cada alumno, por turno, coge un papel y adivina a quién co- rresponde.
  Ej.: *Peter, ¿a ti te gusta jugar al tenis?*
  Sí, me gusta.
  No, a mí no me gusta.
- Gana el primero en completar la lista siguiente:

A _PETER_ le gusta JUGAR AL TENIS

....

....

....

....

3.

Adivina los gustos de estas personas
¿a quién le gusta...
... jugar al tenis/fútbol/golf?
... oír música rock (sudamericana/clásica)?
... leer novelas/revistas/comics?
... beber cerveza/champán/zumos de frutas?

actividades.

a

ronunciación.

1. Escucha y repite:

na**riz** — **me**sa — pa**sar** — Ma**drid** — fe**liz** — **hi**ja — **gua**po — **re**gla — te**ner** — **se**llo

2. Escucha las palabras y colócalas en su columna correspondiente según el acento.

⋮ pollo	¯ tomar ⋮

DESCUBRIENDO

Hablando de gustos...

Al español le gusta...

...dormir — "La buena suerte durmiendo al hombre le viene" Refrán español.

... comer bien — "Agua poca y jamón hasta la boca" Refrán español.

... su tierra — Cádiz, salada claridad. Granada agua oculta que llora.
Romana y mora, Córdoba callada.
Málaga, cantaora.
Almería, dorada.
Plateado, Jaén. Huelva, la orilla de las tres carabelas y Sevilla.

M. Machado. **Phoenix, 1936.**

— **¿Qué comparaciones aparecen en la poesía de Machado?**

Me gusta ver el sol... ¡no para de llover!
Te gusta estar conmigo... ¡Qué le vamos a hacer!
La niña está muy sola... y le gusta querer.
Me gusta, te gusta, le gusta
¡Y es el mundo al revés!

— **Intenta hacer un pequeño poema hablando de tus gustos.**

LA COMIDA ESPAÑOLA E HISPANOAMERICANA

En España...

La cocina española es una de las más variadas del mundo; los platos más típicos son:

En el Norte, exquisitos platos de pescado y marisco.

En Asturias, es típica la "fabada".

En Castilla, el cocido, los callos.

En Andalucía, un plato excelente para el verano es el gazpacho.

En Hispanoamérica...

Allí encontramos platos típicos de cada país:

En Cuba y en Colombia probamos el ajiaco (verduras, pollo, pimienta y alcaparras).

En Perú, el cebiche (pescado con limón verde).

En México, las enchiladas (puré de harina de maíz con carne y chile).

Les gusta mucho la fruta con un poco de limón, y usan el aguacate en casi todos sus platos.

Calorías (100 gramos)

cordero	101
pollo	133
jamón	160
chorizo	357
trucha	85
langostinos	74
queso manchego	379
tomate	24
naranja	45
plátano	90
vino blanco	70
Jerez	129
aceite de oliva	901

escubriendo

UNIDAD **6**

Chichicastenango

UNIDAD 6

Título

GENTE

Objetivos Comunicativos

- Describir a una persona
- Hablar de acciones habituales
- Preguntar y decir la edad

Objetivos Gramaticales

- Verbos reflexivos
- Presente de indicativo de salir, volver, empezar
- Adjetivos posesivos (II)

Objetivos Culturales

- Vida familiar
- Rómulo Gallegos, un escritor venezolano

Pronunciación

- Entonación interrogativa

Léxico

- Caracteres, acciones habituales, estado civil, la familia

bjetivos.

A. ¿Cómo es?

OREJA
NARIZ
PELO
OJO
GAFAS
BIGOTE
BARBA
BOCA

Carmen habla a Julia de su novio

Carmen: ¿Cómo es tu novio?
Julia: No está mal. Es alto, delgado...
Carmen: ¿Es rubio o moreno?
Julia: Moreno, y tiene bigote y barba. Aquí tengo una foto. Mira.
Carmen: Es muy guapo. Parece simpático. Tiene los ojos claros, ¿verdad?
Julia: No, los tiene oscuros.
Carmen: ¿Qué hace?
Julia: Es notario.
Carmen: ¿Sí? ¿Cuántos años tiene?
Julia: Veintiocho.

alto ≠ bajo
delgado ≠ gordo

¡tienes la palabra!

Para ayudarte:

(large) mince (étroit)
ANCHO ≠ ESTRECHO

¿Cómo es...?	
¿Es...	¿Tiene...
... moreno/**a** o rubio/**a**?	... bigote?
... alto/**a** o bajo/**a**?	... barba?
... gordo/**a** o delgado/**a**?	... el pelo corto o largo? épais
... simpático/**a** o antipático/**a**?	... el pelo liso o rizado? droit frisé
... guapo/**a** o feo/**a**?	... los ojos oscuros o claros?
... joven o mayor?	

| ¿Cuántos años tienes? | (Tengo) dieciocho (años) |
| ¿Cuántos años tiene? | (Tiene) treinta (años) |

1. En parejas.

A. describe uno de los personajes
B. adivina quién es

Iñaqui Gabilondo, periodista. 1943

Marta Sánchez, cantante del grupo "olé olé". 1966

Arantxa Sánchez Vicario, tenista. 1972

Guillermo Pérez Villalta, pintor. 1949

2. Juego de las 20 preguntas.

A. piensa en un/a compañero/a de la clase. Los demás hacen preguntas para averiguar quién es.
A sólo puede responder Sí o No.
Ejemplo:
(1.ª) ¿Tiene el pelo liso? — No
(2.ª) ¿Es joven?   — Sí
(3.ª) ¿Tiene 20 años?   — No
etc.

B. *¿Qué hace?*

Felisa Gómez es directora de un banco.
Mira estas escenas. ¿A qué frases corresponden?

a) Felisa Gómez se levanta a las 7.
b) Empieza a trabajar a las 8.
c) Sale de trabajar a las 3 y come en un restaurante.
d) Juega al tenis de 5 a 6 y luego vuelve a casa.
e) Antes de cenar estudia inglés o lee el periódico.
f) Después de cenar ve la televisión y se acuesta.

1

2

3

4

5

6

¡tienes la palabra!

Para ayudarte:

> (Yo) ME levanto
> (Tú) TE levantas
> (Él) SE levanta
> (Nosotros) NOS levantamos
> (Vosotros) OS levantáis
> (Ellos) SE levantan

1. Pregunta a tu compañero/a qué hace los fines de semana (sábado o domingo).
Ejemplo: *A. ¿Qué haces los domingos?   B. Me levanto a las ...*
                                                    Voy a ...

2. En grupos de 4 (2 parejas). Cada pareja escoge uno de estos oficios: locutor/a de radio - repartidor/a de periódicos - dependiente/a de una tienda. Tenéis que descubrir el oficio de la otra pareja preguntándoles por sus hábitos.

3. Escucha a Eva contando lo que hace cada semana y rellena su agenda.
Usa estos verbos:
ir (al gimnasio) - dar (clases) - ensayar - tocar - comer (con la familia) -
hacer la compra.

23 ENERO	mañanas	tardes
lunes		
martes		
miércoles		
jueves		
viernes		
sábado		
domingo		

C. *Cajón de sastre: la familia*

La familia de los Buendía, de "Cien años de soledad" de Gabriel García Márquez.

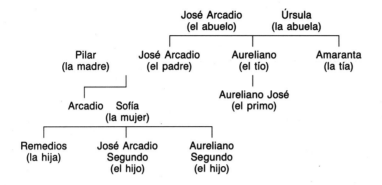

COMPLETA

Pilar y José Arcadio son los	PADRES de Arcadio.
José Arcadio tiene un	HERMANO, Aureliano,
y una	HERMANA, Amaranta.
Amaranta es la	.... menor de José Arcadio y Úrsula.
Aureliano José es	.... de Aureliano.
Sofía es la	.... de Remedios.
Arcadio y Aureliano José son	NIETOS de José Arcadio y Úrsula.
Aureliano José es el	.... de Arcadio.
Amaranta no tiene	....

¡*tienes la palabra!*

1. ¿Quién está hablando?
a) MI padre se llama Arcadio. Yo soy SU hija.
b) MIS hermanos son José Arcadio Segundo
y Aureliano Segundo.
c) MI madre se llama Úrsula. Soy uno de SUS hijos. MI hermano se llama
José Arcadio, como MI padre.

2. En parejas:
A. escoge un personaje de la familia Buendía.
B. pregunta a A por su familia:
¿Eres hijo/a de Arcadio?
A. responde como si fuera el personaje escogido:
Sí/No

¿Cómo...?

• **DESCRIBIR A UNA PERSONA**	A. ¿Cómo es ...? B. Es moreno ... Tiene el pelo rizado ...
• **HABLAR DE ACCIONES HABITUALES**	A. ¿A qué hora te levantas? B. Me levanto a las ... A. ¿Qué haces los jueves? B. Voy al gimnasio — Los españoles cenan muy tarde
• **PREGUNTAR Y DECIR LA EDAD**	A. ¿Cuántos años tienes? B. (Tengo) veinte.

Gramática

Algunos VERBOS REFLEXIVOS

LEVANTARSE	ACOSTARSE
me levanto	me ac**ue**sto
te levantas	te ac**ue**stas
se levanta	se ac**ue**sta
nos levantamos	nos acostamos
os levantáis	os acostáis
se levantan	se ac**ue**stan

Más VERBOS en PRESENTE

SALIR	VOLVER	EMPEZAR
salgo	v**ue**lvo	emp**ie**zo
sales	v**ue**lves	emp**ie**zas
sale	v**ue**lve	emp**ie**za
salimos	volvemos	empezamos
salís	volvéis	empezáis
salen	v**ue**lven	emp**ie**zan

Adjetivos POSESIVOS

SINGULAR	PLURAL
mi	mis
tu	tus
su	sus

Recuerda

No tienen género: su tío, su tía

LÉXICO

 amplía tu vocabulario

ESTADO CIVIL
soltero/a
casado/a
divorciado/a
viudo/a

CARÁCTER
amable ≠ grosero/a
inteligente ≠ tonto/a
serio/a ≠ divertido/a

HÁBITOS
levantarse
ducharse
comer
desayunar
merendar
cenar

 ¡OJO! Léxico de Hispanoamérica

boda = casamiento (en Argent.)
dinero = plata
gafas = anteojos (Argent.)/lentes (Méx.)
padre = viejo, papá
madre = vieja, mamá

tienes que saber...

1. Encuesta (Elle abril, 1989)

	ITALIA	ALEMANIA	REINO UNIDO	ESPAÑA	FRANCIA
TRABAJO					
Población: femenina activa	27,2%	35,3%	39,4%	21,5%	36,3%
DEMOGRAFÍA					
N.º matrimonios por 1.000 habitantes	5,3	6,3	7	5,3	4,7
N.º divorcios por 100 habitantes	5%	44%	44%	10%	31%
HORARIOS					
Levantarse	7,30-8 h.	6-7 h.	7,30	entre 7 y 8 h.	entre 7 y 8 h.
Acostarse	24-1 h.	22 h.	23 h.	23-24 h.	22-23 h.
Cena	21 h.	19,30-20 h.	20-20,30 h.	22-22,30 h.	20,30-21 h.
Comida restaurante	13 h.	12-12,30 h.	13 h.	14-15 h.	12,30-13 h.
ALIMENTACIÓN					
Desayuno	café con leche, pan, biscottes, mantequilla, mermelada. 5 a 10 mn.	café o té, muesli, charcutería, queso, pan. 20 a 30 mn.	té, zumos, frutas, porridge, huevos con bacon. 30 a 40 mn.	café con leche, bollería, pan, mantequilla. 10 a 20 mn.	café con leche, té, pan o tostadas. 3 a 10 mn.

a) Subraya los datos de la encuesta que te parezcan más interesantes.

b) Escribe: — Un diálogo entre dos personas de países distintos, o
  — Una redacción corta.

  Ejemplo: *"¿A qué hora os levantáis en Italia?"*
  "De siete y media a ocho, normalmente."
  Los alemanes se levantan muy temprano...

2. En parejas. Traed fotos de familia. Intercambiadlas. Preguntad y hablad sobre las personas que aparecen.

  Ejemplo: *"¿Quién es este/a...?"* *"Es mi..."*
  "¿Quién es tu padre/madre?" *"Es este/a..."*

3. Luis de la Fuente entrevista a cuatro personajes: Pedro, Laura, José Luis y Elvira.

Escucha y marca verdadero (V) o falso (F)

1. Pedro está casado
2. Su mujer trabaja en un laboratorio
3. Tiene tres hijos
4. Laura está casada
5. Tiene un hermano
6. José Luis está soltero
7. Vive en un apartamento con su hijo
8. Su hijo tiene doce años
9. Elvira tiene cuatro hijos
10. Su hija Isabel tiene dos hijos
11. Su hijo Carlos tiene cuarenta y cinco años

	1	2	3	4	5	6	7	8	9	10	11
V											
F											

a ctividades.

pronunciación.

1. Entonación interrogativa. Escucha y repite las siguientes frases:
¿dónde vives?
¿cómo te llamas?
¿cuál es tu número de teléfono?
¿cuánto es?
¿cómo está usted?
¿qué haces?
¿qué quieres tomar?

2. Ahora, escucha estas frases y di si son preguntas o no:

	1	2	3	4	5
Sí					
No					

Descubriendo...

DESCUBRIENDO

¡Vamos de boda!

Viva la novia y el novio
y el cura que los casó
el padrino y la madrina
los convidados y yo.
Qué bonita está una parra
con los racimos colgando
Más bonita está una novia
para los enamorados.
De la buena uva
sale el buen racimo,
de buena familia
llevas el marido.
De la buena uva
sale el moscatel,
de buena familia
llevas la mujer...
Canción popular de boda

¿Qué personajes aparecen en la boda?
¿Con qué se compara a la novia?

A fuego y a boda
va la aldea toda
Refrán español

...Así transcurrió el tiempo y llegó el que había sido señalado para la boda. La casa de los Reinoso andaba toda revuelta[1] con los preparativos que se hacían. Una cuadrilla[2] de artesanos pulía[3] los suelos. (...) La modista iba y venía, casi a diario, a probar a la desposada[4] las prendas del ajuar[5], las vecinas acudían a curiosear las novedades y en las sobremesas[6] de la familia no se hablaba sino de las familias que debían asistir a la boda clasificándolas cuidadosamente en las dos categorías de padrinos y simples invitados. Todo esto costaba al señor Reinoso un ojo de la cara[7] pero estaba dispuesto a hacer mayores sacrificios a fin de que la fiesta resultase digna de la altísima calidad del novio y de la elevada posición social que la familia ocupaba en el ''mundo elegante'' de Caracas.

Rómulos Gallegos ''El cuarto de enfrente''
Novelista venezolano (1884-1969)

(1) sin orden
(2) un equipo
(3) hacía brillar
(4) novia
(5) ropa de la novia
(6) conversaciones
   después de comer
(7) mucho

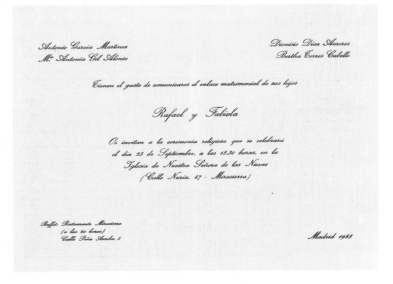

TEST 2

Repaso unidades 4, 5 y 6

1. Di qué hay y dónde está:

Ejemplo:

Hay un supermercado
El supermercado está al lado de la parada de autobús

2. Completa con los verbos IR, VENIR, COGER, BAJARSE, ABRIR, CERRAR.

a. ¿Cómo_____a tu casa, en metro o en autobús?
b. Los bancos_____a las 9 de la mañana
c. _____en la tercera parada.
d. _____la primera a la derecha.
e. Las tiendas_____a las 8 de la tarde.
f. ¿_____esta tarde a mi casa?

3. Completa con HAY o ESTÁ

a. Al lado de la farmacia_____mi casa.
b. En el centro de la ciudad_____una plaza.
c. El museo de Sorolla_____en la c/. Martínez Campos.
d. En mi barrio_____un hospital.
e. Cerca del estanco_____una parada de autobús.
f. Correos_____en la Plaza del País Valenciano.

4. Sigue el modelo:

Ejemplo:
  A. No hay bocadillos de queso
  B. Ponga uno de jamón
a. A.¿Cómo voy a tu casa?
   B. (COGER, tú)_____el autobús 5.
b. A.¿Te puedo ayudar?
   B. Sí, (PONER, tú)_____los libros en la estantería.
c. A. Hay mucho ruido, (CERRAR, Vd.)_____la ventana.
d. A. ¿Cómo se va a Galerías Preciados?
   B. (SEGUIR, Vd.)_____todo recto y luego (COGER, Vd.) la primera calle a la derecha.

5. Relaciona:

a. ¿Qué quieren tomar?	Son 2.800 ptas.
b. ¿Qué quieren de beber?	Sí, ¿qué hay?
c. ¿Quieren algo de postre?	Sopa y entremeses
d. ¿Qué van a tomar de primero?	Ponga dos cafés
e. ¿Cuánto es?	Vino y agua mineral

6. ¿Cómo son?

Andrés   Cristina   Carlos   Lali

a. Andrés es_____   c. Carlos_____
b. Cristina_____   d. Lali_____

7. Escribe los nombres de tu familia en este árbol:

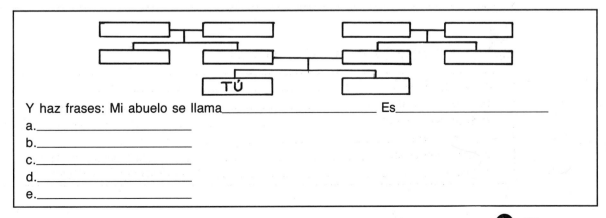

TÚ

Y haz frases: Mi abuelo se llama_____ Es_____
a._____
b._____
c._____
d._____
e._____

UNIDAD 7

La Vaguada Madrid
Fotografía: Comunidad Autónoma de Madrid

UNIDAD 7

Título   DE COMPRAS

Objetivos Comunicativos
- Describir colores y materiales
- Preguntar el precio
- Pedir permiso
- Llamar la atención sobre algo y expresar la admiración
- Pedir opinión sobre gustos y responder
- Expresar preferencias y justificarlas

Objetivos Gramaticales
- Masculino y femenino
- Singular y plural de adjetivos
- Pronombres personales de objeto directo
- Verbos con pronombre (me gusta, me parece, me queda)
- Presente de Indicativo de preferir y saber

Objetivos Culturales
- ¿Dónde compramos?
- Descubriendo a Atahualpa Yupanqui

Pronunciación
- La "ñ"

Léxico
- Cantidades y medidas
- La ropa: colores y materiales

Objetivos.

A. *Vamos de compras*

En una tienda de ropa...

Dependiente:	¡Buenos días!, señora, ¿qué desea?
Cliente:	Buenos días. Quiero unos pantalones.
Dependiente:	¿De qué talla?
Cliente:	Pues, no sé... de la 40 ó 42, creo.
Dependiente:	De estas tallas los tenemos azules y negros.
Cliente:	¿Puedo probarme los negros?
Dependiente:	Sí, claro, allí están los probadores.
	.....
	¿Cómo le quedan? *se les apporte (de les mets)*
Cliente:	Me quedan bien. Me los llevo. ¿Qué precio tienen?
Dependiente:	Estos valen 8.500. ¿Paga con dinero o con tarjeta de crédito?
Cliente:	Con dinero. Aquí tiene...

 ¡tienes la palabra!

Para ayudarte:

VENDEDOR	CLIENTE
¿Qué desea?	Quiero, quisiera, querría ...
¿De qué talla?	la talla ...
¿De qué color?	...
	¿Puedo probarme...?
	¿Qué precio tiene/n...?

Pantalones Vaqueros

Camisa blanca

Zapatos marrones

Calcetines verdes

Camisa de seda rosa

Falda rosa

Chaqueta negra

Abrigo gris

1. En una tienda de ropa. A es el cliente y B el vendedor

A.
- Saluda y pide una chaqueta de lana
- Responde
- Responde
- Pide otra. Pregunta si se la puede probar
- Dice que le queda bien. Pregunta el precio
- Responde y se despide

B.
- Pregunta la talla
- Pregunta el color
- Dice que no tiene este color
- Responde e indica dónde está el probador
- Responde y pregunta cómo la va a pagar
- Se despide y da las gracias.

2. En parejas. Escribid un diálogo similar y representadlo.

B. ¿Cómo me queda?

Ana:	Mira esta falda de cuero, ¡qué bonita! ¿Te gusta?
Elena:	No mucho. Me gustan más las faldas de tela.

......

Ana:	¿Qué te parece esta roja?
Elena:	No está mal, pero prefiero la azul, es más elegante.

Elena (al dependiente): ¿Puedo probarme esta falda?

Dependiente: Sí, claro

......

Elena:	¿Cómo me queda?
Ana:	Muy bien, y no es cara.
Elena:	Pues me la llevo.

FALDAS

¡tienes la palabra!

Para ayudarte:

Mira... ¡qué ...!
¿Qué te parece/n ...?
Prefiero/Me gusta/n más ...

ancho ≠ estrecho	caro ≠ barato
clásico ≠ moderno	práctico
elegante	deportivo

1. Mira los dibujos y pregunta como en los ejemplos:

A. *¿Qué bolso te gusta más?*
B. *Prefiero el grande. Es más práctico.*
A. *Mira esos pantalones, ¡qué modernos!*
B. *A mí me gustan más los anchos.*

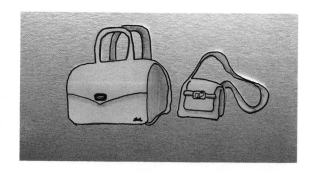

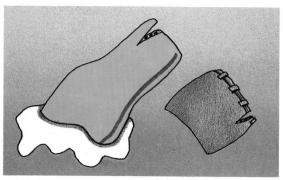

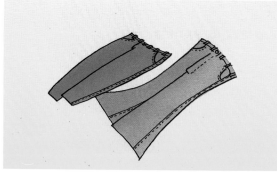

 C. *Cajón de sastre: la lista de la compra*

Escucha y completa este pedido:

	SUPERMERCADO "CADA DIA" C/Alhambra, 28 (Servicio a domicilio)	
	Cliente:	
	Dirección:	
Cantidad	Concepto	Precio
1 docena	huevos	
3 latas		
200 grs		
1 bote	aceitunas	
2 botellas		
1/2 Kilo		
	TOTAL	

¡tienes la palabra!

1. En parejas. Haced una lista de la compra para una semana.

2. Relaciona:

3 botellas — de leche
media docena
1 Kilo y medio   De
1 cuarto de kilo
2 botes
medio Kilo

limones.-
aceitunas.- olivos
vino.-
patatas.-
huevos.-
jamón.-

¿Cómo...?

• **DESCRIBIR COLORES Y MATERIALES**	A. ¿Qué desea? B. Quiero una falda de cuero roja.
• **PREGUNTAR EL PRECIO**	¿Qué precio tiene/n...? ¿Cuánto vale/n?
• **PEDIR PERMISO**	¿Puedo probarme...?
• **LLAMAR LA ATENCIÓN SOBRE ALGO Y EXPRESAR ADMIRACIÓN**	Mira esta chaqueta, ¡qué elegante!

• **PEDIR OPINIÓN SOBRE GUSTOS Y RESPONDER**	A. ¿Cómo me quedan estos zapatos?
	B. Bien
	   Mal
	A. ¿Qué te parece esta falda?
	B. No está mal
	   Es muy bonita

• **EXPRESAR PREFERENCIAS Y JUSTIFICARLAS**	A. ¿Qué bolso prefieres? B. El grande. Es más práctico.

Gramática

• **Formación del femenino y el plural de los adjetivos**

Singular		Plural	
masculino	femenino	masculino	femenino
blanco	blanca	blancos	blancas
	verde		verdes
	azul		azules
	marrón		marrones
	gris		grises

• **Pronombres átonos de 3.ª persona (Complemento Directo)**

	Singular	Plural
Masculino	LO	LOS
Femenino	LA	LAS

Me LA llevo (la falda)
Me LO llevo (el jersey)
Me LAS llevo (las patatas)
Me LOS llevo (los plátanos)

• **VERBOS con PRONOMBRE:**

(A mí)	ME	
(A ti)	TE	
(A él/ella/Vd.)	LE	queda/n
(A nosotros/as)	NOS	parece/n
(A vosotros/as)	OS	gusta/n
(A ellos/as)	LES	

• **Más VERBOS en PRESENTE:**

PREFERIR	SABER
Prefi**e**ro	**sé**
prefi**e**res	sabes
prefi**e**re	sabe
preferimos	sabemos
preferís	sabéis
prefi**e**ren	saben

LÉXICO

amplía tu vocabulario

Cantidades y medidas:
un kilo de azúcar
medio kilo de café
una lata de atún
una botella de aceite
una docena de huevos
un litro de vino

Prendas de vestir. La ropa
el traje *veston*
la blusa *blouse*
la camiseta
las medias
el vestido *Robe*
la corbata *cravate*
la falda *jupe.*

El material
de piel *fourrure*
de cuero *cuir*
de seda
de algodón *coton*
de lana *laine*
acrílico/a

Los colores
rojo/a
azul
verde
amarillo/a
naranja
rosa
marrón
gris
oscuro/a
claro/a

El dibujo, el diseño,…
liso/a *lisse*
a rayas *rayé*
estampado/a *imprimé*
elegante
deportivo/a
práctico/a
cómodo/a

¡OJO! Léxico de Hispanoamérica
una falda = una pollera (Arg.)
un abrigo = un sobretodo (hombre), un tapado(mujer) (Arg.)
un jersey = un suéter
el escaparate = la vitrina
un bolso = una cartera (Arg.), una bolsa (Méx.)
......
¡Date prisa! = ¡apúrate!, ¡muévete!

Tienes que saber...

1. ¿Dónde se pueden oír estas frases? ¿En una carnicería? ¿En una frutería?

	Carnicería	Frutería
1		✓
2	✓	
3		✓
4	✓	
5		✓
6		✓
7	✓	
8		

A.- carnicería

B.- frutería

¿Quién habla:
el vendedor o el cliente?

	Vendedor	Cliente
1		
2		
3		
4		
5		
6		
7		
8		

2. Esta es una encuesta de opinión sobre los gustos de los españoles:

SÍ		NO		
mucho	bastante	no mucho	nada	¿Le gusta a Vd...?
8	12	32	48	...madrugar?
41	25	19	15	...salir de noche?
18	41	29	12	...los toros?
17	24	36	23	...la televisión?
46	35	20	5	...el cine?
27	44	22	7	...viajar?
33	37	18	12	...dormir la siesta?

¿Qué conclusiones se pueden sacar de la encuesta? Exprésalas como en los ejemplos:

A los españoles les gusta mucho salir de noche.

A los españoles no les gusta nada madrugar.

En grupos: preparad preguntas para una encuesta sobre gustos en vuestro país.

a ctividades.

1.

niño
español
compañero
diseñador
año
madrileño
panameño

2.

Hispania-España   mano-maño
Antonia-niña   ceno-ceño
cana-caña   minio-miño
vano-baño   cuna-cuña
pena-peña   campana-campaña

D E S C U B R I E N D O

Tejiendo un poncho
El poncho es una prenda de abrigo, típica de algunos países de Hispanoamérica.

Abanicos
Un abanico sirve para darse aire en los días calurosos.

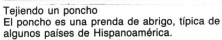

Poncho de cuatro colores
Cuatro caminos quebrados
y un solo sueño de cobre
esto el changuito...   soñando

Atahualpa Yupanqui
(poeta y cantante argentino)

¿Cuáles son los objetos típicos de tu país?
Explica a tus compañeros cómo son y para qué sirven.

¿Qué compramos?
¿Dónde lo compramos?

En un mercadillo, al aire libre (Barcelona).

En el Rastro (Madrid).

En un centro comercial (Majadahonda. Madrid).

En el mercado de los artesanos (Madrid).

¿Qué se puede comprar...
- **...en un mercadillo?,**
- **...en el Rastro?,**
- **...en el mercado de los artesanos?,**
- **y en un centro comercial?**

d escubriendo...

UNIDAD **8**

Barcelona Ciudad Olímpica

UNIDAD 8

Título

INVITACIONES

Objetivos Comunicativos

- Invitar o proponer
- Aceptar
- Rechazar
- Preguntar y decir la causa
- Insistir
- Concertar una cita
- Expresar obligación
- Describir acciones presentes

Objetivos Gramaticales

- Pronombres átonos de objeto directo
- Colocación de pronombres complementos
- Tener + que + infinitivo
- Presente continuo
- Gerundio
- Presente de indicativo de jugar y oír

Objetivos Culturales

- El ocio en España
- Fiestas tradicionales en Hispanoamérica

Pronunciación

- Entonación exclamativa

Léxico

- Lugares de ocio
- Deportes
- Meses del año

Objetivos.

A. *¿Quieres...?*

1.

A. ¿Quieres tomar café?
B. No, gracias. No tomo café.
A. ¿Y un té?
B. Bueno, un té sí, gracias.

2.

A. El sábado por la tarde hay partido, ¿sabéis?
B. ¿Ah, sí?, ¿quién juega?
C. El Real Madrid y el Bonaerense, ¿no?
A. Sí. ¿Queréis venir a casa a verlo?
B. Vale, muy bien.
C. ¡Hombre, estupendo!

3.

A. ¿Salimos esta tarde?
B. Bueno, ¿a qué hora quedamos?
A. A las ocho en tu casa, ¿vale?
B. De acuerdo. Hasta luego.

Observa

• ¿En qué diálogos se invita a un amigo a casa?
• ¿En qué diálogos se insiste?
• ¿En qué diálogos se acepta una invitación?
• ¿En qué diálogos no se acepta la invitación?

4.

A. ¿Tomamos algo?, te invito.
B. Lo siento, no puedo.
A. ¿Por qué?
B. Porque tengo que ir a casa de unos amigos.
A. Venga, hombre. Sólo son diez minutos.
B. No, de verdad, no puedo. Me están esperando.

¡tienes la palabra!

Para ayudarte:

TÚ y YO	¿salimos?
TÚ	¿quieres salir?

SÍ	vale/de acuerdo/bueno
NO	no, gracias/lo siento (no puedo)

A. ¿Por qué?	¿Cómo quedamos?	¿dónde quedamos?
B. Porque...		¿a qué hora quedamos?

1. ■ **¿Quedamos el sábado?**

Haz planes ("queda") con tus compañeros para el fin de semana. Habla con diferentes compañeros (siempre de uno en uno) y apunta sus citas.

Ejemplo:

1-A. *¿Quieres venir a mi casa a estudiar el domingo por la tarde?*
-B. *Vale. ¿A qué hora quedamos?*
-A. *A las ocho.*

2-C. *¿Vienes al cine el domingo?*

-B. *Lo siento. Tengo que ir a casa de...*
-C. *¿Y el sábado?*
-B. *De acuerdo. El sábado.*

Puedes proponer también:

ir al teatro
jugar al tenis, al ajedrez...
tomar una copa
ir a bailar

ir al parque
montar en bici, en moto
ver la tele

2. En parejas.

A hace una pregunta (1-6) y B da la respuesta apropiada (a-f)

1. ¿Por qué llegas tan tarde a casa?
2. ¿Por qué no invitas a Juan a la fiesta del sábado?
3. ¿Por qué no quieres cenar?
4. ¿Por qué no vienes al teatro?
5. ¿Por qué llegas siempre tarde a clase?
6. ¿Por qué vas al cine todas las semanas?

a. Porque me gusta mucho.
b. Porque tengo que estudiar.
c. Porque vivo muy lejos.
d. Porque está de viaje.
e. Porque no tengo hambre.
f. Porque tengo mucho trabajo en la oficina.

B. *Pero, ¿qué estás haciendo?*

— ¡Diga!
— ¿Daniel?, ¿eres tú?
— Sí, soy yo. ¿Qué tal, papá?
— Bien. ¿Y tú?
— Muy bien. Estupendamente.
— ¿Estás estudiando mucho?
— Sí, claro.
— ¿Con quién estás? Oigo ruido.
— Bueno, ahora estoy viendo la televisión con unos amigos, están poniendo un programa muy interesante.
— ¿Qué? ¡No oigo nada!

¡tienes la palabra!

Para ayudarte:

fumar	fumando	leer **leyendo**
cantar	cantando	oír **oyendo**
contar (chistes)	contando	
jugar	jugando	
beber	bebiendo	
besarse	besándose	
dormir	durmiendo	

1.

¿Qué están haciendo Daniel y sus amigos?
Ejemplo: *Pedro está fumando.*
         etc...

2.

Ejercita tu memoria.
          A cierra el libro
          B hace preguntas sobre el dibujo
Ejemplo: *B.* ¿Quién está fumando? *A* ....
          B. ¿Qué está haciendo ...? *A. Está* ....
          B. ¿Dónde está Asun? *A. Al lado de* ...., *enfrente de* ....

3.

En parejas.
Habla por teléfono con tu compañero como si fuera uno de los personajes de cada dibujo.

Ejemplo: Pedro: ¿Diga?
          A: Pedro, ¿eres tú?
          Pedro: Sí, ¿quién eres?
          A: Soy ...
          Pedro: Hola, ¿qué tal?
          A: Muy bien. ¿Qué estás haciendo?
          Pedro: Estoy comiendo.
          A: Y Luisa, ¿qué está haciendo?
          Pedro: Está comiendo también.

Pedro y Luisa

Concha y Carmen

Asun y Víctoria

Fernando y Ana

Utiliza este vocabulario

comer	oír música
hacer la cena	leer
ver la televisión	tomar una copa

C. Cajón de sastre: días, meses, cumpleaños, horóscopos,...

 ARIES. 21-III/20-IV

Estás en un buen momento para promocionar tu trabajo y adquirir nuevos conocimientos, aunque se te recomienda mostrarte paciente y calmado. Físicamente se te recomienda descansar y evitar las prisas.

 TAURO. 21-IV/20-V

Un viaje puede abrirte nuevos horizontes debido a las posibilidades que vas a ver dentro de él. A nivel afectivo te mostrarás frío y distante. Físicamente es momento de evitar riesgos a la hora de hacer deportes.

 GEMINIS. 21-V/21-VI

A nivel personal puedes conseguir algún pequeño éxito, el reconocimiento de los demás por una acción rápida y bien llevada a término. Buen momento para compartir con tu pareja y comunicarse a un nivel profundo.

 CANCER. 22-VI/22-VII

Tus ideas pueden ser muy bien acogidas por los demás, puedes llegar a ser el centro de atención dentro de un grupo. El deseo de actividad desenfrenada te llevará a cometer algunos errores o imprudencias.

LEO. 23-VII/22-VIII

Buen momento para preparar planes de cara al futuro, para evidenciar una mejor organización de tus asuntos y encaminarse a óptimos resultados. A nivel familiar, persistirán algunos puntos de incomprensión.

 VIRGO. 23-VIII/21-IX

Tendrás que tener más fuerza y deseos de superación si quieres llegar a las metas que te has propuesto. Tu estado económico deja mucho que desear, sé prudente con lo que gastas y adminístrate mejor.

LIBRA. 22-IX/22-X

Entras en un momento en el que se requieren mejores contactos y relaciones con los demás para tener acceso a un ambiente fundamental para ti. Tus ánimos tienden a estar decaídos. No te dejes llevar por los demás.

 ESCORPION. 23-X/21-XI

Tienes que saber lo que quieres y andar hacia tus objetivos sin tener miedo de ello, ya que sólo de esta forma conseguirás lo que quieres o lo que necesitas. Sobre todo no deberás dejarte dominar por los demás.

SAGITARIO. 22-XI/22-XII

Te sentirás más centrado y en el buen camino, sin las inseguridades de otros tiempos y con más fe en ti mismo. Estás en un buen momento, con sentimientos alegres y decidido a compartir todo con los demás.

 CAPRICOR. 23-XII/21-I

Sigues en una dinámica de exceso de trabajo y de ilusiones, lo único que debe preocuparte es la posibilidad de cometer errores por despistes, o bien haber medido inexactamente las posibilidades reales que tienes.

ACUARIO. 22-I/21-II

Te sentirás muy presionado dentro del ambiente de trabajo, donde la libertad a tus iniciativas pasa por un periodo difícil y complicado. A nivel de pareja, será mejor que no hagas tantas concesiones importantes.

 PISCIS. 22-II/20-III

Estás en un momento de expansión donde lo importante es tu disfrute personal y la consecución de los mejores objetivos que puedas conseguir. Buen momento para encontrar una pareja adecuada y disfrutar de la vida.

 En parejas, redactad vuestra ficha de horóscopo.

¡tienes la palabra!

1. Di cuándo es el cumpleaños de todas estas personas, su horóscopo y edad.
Luis: 29-8-74. El cumpleaños de Luis es el veintinueve de agosto. Es virgo. Tiene...... años.

Carmen:	5-1-60
Pilar:	29-6-78
Enrique:	18-7-72
Aurora:	7-3-81
Pedro:	2-12-79

ENERO, FEBRERO, MARZO, ABRIL, MAYO, JUNIO, JULIO, AGOSTO, SEPTIEMBRE, OCTUBRE, NOVIEMBRE, DICIEMBRE.

2. En grupos, preguntad a los demás por su cumpleaños, horóscopo y edad.

3. Contesta estas preguntas:
1. ¿Cuándo es la fiesta nacional de tu país?
2. ¿Cuándo empieza/termina el curso?
3. ¿Cuándo es el cumpleaños de tu profesor?

Mi fecha es el veintisiete de julio
(1978).
mil novecientos setenta y ocho.

CONTENIDO COMUNICATIVO

¿Cómo...?

• **INVITAR O PROPONER**	A. ¿Vienes ...? ¿Quieres venir ...? ¿Vamos a...?
• **ACEPTAR**	B. Vale (¡estupendo!) De acuerdo
• **RECHAZAR**	B. No, gracias... Lo siento, no puedo
• **PREGUNTAR Y DECIR LA CAUSA**	A. ¿Por qué...? B. Porque ...
• **INSISTIR**	A. ¡Venga ...!
• **CONCERTAR UNA CITA**	¿Quedamos a las 10 en la puerta del cine?
• **EXPRESAR OBLIGACIÓN**	...tengo que estudiar.
• **DESCRIBIR ACCIONES PRESENTES**	...está haciendo los deberes.

CONTENIDO LINGÜÍSTICO

Gramática

- **Pronombres átonos de Objeto Directo**
  ME
  TE
  LO, LA
  NOS
  OS
  LOS, LAS

- **Colocación de los pronombres complemento con infinitivo o gerundio**

  Tengo un coche nuevo... { ¿quieres ver**lo**?
  ¿**lo** quieres ver?

  ¡Date prisa!.................. { están esperándo**me**
  me están esperando

Tienes que saber...

- **TENER + QUE + INFINITIVO**
  (Obligación)

tengo	
tienes	
tiene	+ que + salir
tenemos	
tenéis	
tienen	

- **Presente Continuo**

estoy	
estás	
está	
estamos	+ GERUNDIO
estáis	
están	

- **GERUNDIO**
  -AR -ando
  -ER ⎤
  -IR ⎦ -iendo

- **Más VERBOS en presente:**

JUGAR	OÍR
juego	oigo
juegas	oyes
juega	oye
jugamos	oímos
jugáis	oís
juegan	oyen

LÉXICO

amplía tu vocabulario

			MESES DEL AÑO	
el cine		al fútbol	enero	julio
el teatro		al baloncesto	febrero	agosto
la discoteca	jugar	al tenis	marzo	septiembre
el parque		al dominó	abril	octubre
el partido		a las cartas	mayo	noviembre
la película			junio	diciembre

¡OJO! Léxico de Hispanoamérica
beber = tomar
la comida = el almuerzo
la cena = la comida
la merienda = las once (Chile)
.....
Bebidas de Hispanoamérica:
tequila y **mezcal** en México
chichería en Colombia, Bolivia, Perú y Ecuador
mate (infusión) en Argentina, Perú...
guarapo en Colombia y Ecuador
mojito en Cuba
tinto en Colombia y en España
¡Cuidado!, **un tinto** en Colombia es una taza de café solo, pero en España es un vasito de vino tinto.
Si quieres pedir cerveza con gaseosa, en España tendrás que pedir **una clara**, pero en Hispanoamérica pedirás **un refajo**.

1. Escucha el diálogo y completa. (Ver los documentos de la página 96)

Día 18:
— Ir al cine con Charo.
— Peliculas: ....
— Cine: ....
— Hora: ....

2. Escucha estos cinco diálogos y contesta verdadero (V) o falso (F):

1. María está haciendo la cena.
2. El padre de Jaime está viendo una película en la tele.
3. Jaime está oyendo música.
4. Juan está estudiando en su habitación.
5. Ana está leyendo.

	V	F
1	✗	
2		
3		
4		
5		

3. CARTELERA DE ESPECTACULOS

LOS CINES
Numeradas

ARLEQUIN: San Bernardo, 5. Tel: 247 31 73. **Gringo Viejo**. Gregory Peck, Jane Fonda y Luis Puenzo hacen una película digna de ser admirada. Horario: 5, 7.30 y 10

CAPITOL: Gran Vía, 41. Tel: 222 22 29. **Las cosas del querer**. Tolerada. Pases: 4.30, 7 y 10.30

LIDO: Bravo Murillo, 200. Tel: 270 24 13. **Si te dicen que caí**. Un film de V. Aranda, con Victoria Abril y J. Gurruchaga. No recomendada a menores de 18 años. Pases: 4.30, 7.15 y 10.15

CALLAO: Pza. del Callao, 13. Tel: 522 58 01. **Sangre y arena**. La película del año. Su pasión eran los toros. Ella, su obsesión. Horario: 4.30, 7 y 10. Miércoles día del espectador.

LOS TEATROS

CALDERON: Atocha, 18. Tel: 239 13 33. **Carmen, Carmen**. Con Concha Velasco. Original de Antonio Gala. Música: Juan Cánovas. Todos los días: 7 y 10.45

PRINCIPE GRAN VÍA: Tres Cruces, 10. Tel: 521 80 16. **Cinco horas con Mario**. Con Lola Herrera. Obra de Miguel Delibes. Dirigida por Josefina Molina. Diez años de éxito. Horario funciones: 7.30 y 10.30. Miércoles descanso

VARIOS

FESTIVAL MUNDIAL DEL CIRCO: Paseo de Rosales. Principales atracciones de circo, fieras, leones, osos gigantes, perritos comediantes, y para los peques, Fofito y Rudi, ídolos de los niños. Función: 6.30. Tarde. Sábado: 5 y 7.30. Domingo: 12, 5 y 7

MUSEO DE CERA: Pza. de Colón. Tel: 308 08 25. Abierto todos los días de 10.30 a 13.30 y de 16 a 20 horas.

PARQUE DE ATRACCIONES de la Casa de Campo. Tel: 463 29 00. Horario: de 11 a 21 horas. Domingos y festivos de 11 a 22 horas.

PLANETARIO DE MADRID: Parque de Tierno Galván. Programa: Cuentos de verano, lunes cerrado. Tardes sesiones de: 17.30 y 18.45

En parejas. Mirad la cartelera de espectáculos y quedad con varios compañeros para hacer cosas diferentes durante la semana.

A
A₁ Pregunta a B si quiere ir al cine/teatro/ circo/etc.
A₂ Dice algunas
A₃ Contesta
A₄ Contesta
A₅ Dice dónde y da la dirección a B
A₆ Se despide

B
B₁ Pregunta qué películas/obras... hay
B₂ Prefiere ir al teatro y dice lo que quiere ver.
B₃ Pregunta a qué hora empieza.
B₄ Pregunta dónde quedan
B₅ Se despide

1.

Escucha y repite.

¡qué bonitos!
¡Hombre!, ¡estupendo!
¡Venga!
¡Qué guapa es tu novia!

2.

Escucha y di si las frases son exclamativas o no.

	1	2	3	4	5
exclamativas					
no exclamativas					

D E S C U B R I E N D O

Si quieres ir al museo, puedes ir cualquier día menos los lunes. Los lunes cierran los museos.

Si quieres introducirte en la "movida madrileña" acércate a conocer a la gente y los lugares de moda: exposiciones, discotecas, salas de fiesta, estrenos teatrales, tertulias, cafés...

Si quieres ver una buena película debes ir los miércoles: es más barato.

Fiestas y tradiciones

Danza de los hombres voladores

Esta danza tiene lugar el día 4 de octubre.

Se coloca un árbol o palo frente a la iglesia del pueblo. Varios hombres, atados por los pies al vértice del palo, giran alrededor, colgados en el vacío.

La fiesta de los Muertos

Fiesta típica de México. El día de los muertos la familia prepara una gran comida con los platos preferidos del familiar muerto.

Los carnavales de Bolivia

Los carnavales de Bolivia y del norte de Argentina son muy famosos. Esta fiesta está animada por cantos y bailes folklóricos. Los trajes de los carnavales son muy elaborados y vistosos.

d

escubriendo...

UNIDAD **9**

Amanecer en Totora

UNIDAD 9

Título

AL AIRE LIBRE

Objetivos Comunicativos

- Expresar intenciones
- Proponer alternativas
- Expresar desconocimiento
- Expresar probabilidad o duda
- Expresar indiferencia
- Responder expresando incertidumbre

Objetivos Gramaticales

- Marcadores temporales (I)
- Ir + a + Infinitivo
- Verbos impersonales
- Colocación del pronombre reflexivo
- Presente de Indicativo de ir

Objetivos Culturales

- Turismo español: lugares y monumentos de interés
- El clima en España y en Hispanoamérica

Pronunciación

- Acentuación de palabras de tres o más sílabas

Léxico

- Lugares de esparcimiento
- El tiempo: climas

A. *¡Qué calor!*

Los amigos están en la piscina

Irene: ¡Uf! ¡Qué calor hace! Vamos a bañarnos.
Paula: ¡Espera!, voy a llamar a Enrique.
¡Enrique!, nosotras vamos a bañarnos, ¿vienes?
Enrique: No, ahora no, dentro de un rato. Quiero tomar el sol.
Irene: Vale, hasta luego. ¡Vamos, Paula!
Paula: ¿Vamos a tomar algo al bar? Tengo mucha sed.
Irene: Yo no espero más, me voy al agua.

¡tienes la palabra!

Para ayudarte:

(Yo) VOY a bañarme	Ahora
(Tú) VAS a bañarte	Esta tarde/noche
(Él) VA a bañarse	El fin de semana próximo
(Nosotros) VAMOS a bañarnos	El mes que viene
(Vosotros) VAIS a bañaros	Dentro de...
(Ellos) VAN a bañarse	

1. En parejas. Pregunta a tu compañero qué va a hacer esta tarde / el fin de semana próximo...

2. En parejas. Pregunta a tu compañero cuándo va a:
— irse de vacaciones.   — ir a una fiesta.
— casarse.   — ir al cine.

3. Ahora mira el dibujo de A y di qué están haciendo o van a hacer las personas que están en la piscina.

> Ejemplo:
> *Los niños* **están comiendo**. *La señora* **va a comer**.
> tomar el sol - leer - oír la radio - comprar un bocadillo -
> beber un refresco - ducharse

B. Sole llama a su madre.

Lola: ¡Diga!
Sole: Mamá, soy Sole.
Lola: ¡Hola, hija!, ¿vienes esta noche o no?
Sole: Sí, ya tengo billete.
Lola: ¡Qué bien!, ¿a qué hora llegas? ¿a las diez?
Sole: Sí, creo que sí.
Lola: Bueno, hija, ¿qué quieres para cenar?
Sole: Me da igual, mamá.
Lola: ¡Ah! ¿vamos a la playa por la mañana?
Sole: No, prefiero dormir.
Lola: ¡Vale!
Sole: Oye, mamá, ¿venís a la estación?
Lola: No sé, yo no puedo ir pero voy a preguntar a tu hermano Juan. Espera un momento...

¡tienes la palabra!

	Para ayudarte:
A. ¿Vienes esta noche o no?	B. Sí creo que sí no sé creo que no No
A. ¿Quieres ir al cine o al teatro?	B. Prefiero... Me da igual.

1. **Por parejas:** A propone hacer algo (como en el ejemplo)
B responde.

Ejemplo: A. *¿Vamos al parque o al museo?*
B. *— Me da igual.*
— Prefiero ir al parque.

parque/museo   playa/montaña   cine/teatro   bar/discoteca   nadar/jugar al tenis

2. ¿Cómo contestarías a las preguntas siguientes?

¿Bolivia tiene costa?

¿La moneda de Perú es el peso?

¿Oaxaca está en México?

¿Hay estaciones de esquí en Andalucía?

¿Se habla español en Brasil?

C. *Cajón de sastre: ¿qué tiempo hace?*

Thomas charla con Pilar.

Thomas:	¿Qué tiempo hace en España en verano, Pilar?
Pilar:	Bueno, depende. En el norte la temperatura es buena pero a veces llueve. En el sur hace mucho calor.
Thomas:	¿Y en invierno?
Pilar:	En el centro hace frío. En las montañas altas nieva, pero en el sur la temperatura es muy agradable.
Thomas:	¿Y en la costa? ¿Puedes bañarte en invierno?
Pilar:	Hummm... No sé. Hace mucho viento. En la costa mediterránea no hace frío. Puedes bañarte. Oye, ¿por qué me preguntas todo esto? ¿vas a venir a España de vacaciones?

hace	frío sol calor viento	llueve nieva	está nublado

LAS ESTACIONES

la primavera,
- llueve

el verano,
- hace sol
- hace calor

el otoño,
- está nublado
- hace viento

el invierno,
- hace frío
- nieva

¡tienes la palabra!

Mira el mapa y la lista de temperaturas.
¿Dónde hace frío/calor?
¿Dónde está nublado/hace sol?
¿Dónde está lloviendo/nevando?
¿Qué tiempo hace ahora en tu país?

El tiempo — El País, domingo 25 de abril

EL TIEMPO

C. Hernández Antón

Más soleado y mejor temperatura

Se estabiliza la atmósfera en la mayor parte del territorio nacional, con predominio del tiempo seco y de los cielos parcialmente nubosos, que dará lugar a disfrutar de un ambiente más soleado y agradable durante el día. La mayor nubosidad se centrará principalmente en el Cantábrico oriental, alto Ebro y norte de Cataluña y Baleares, así como por la tarde en las áreas montañosas del interior peninsular. Se formarán brumas y bancos de niebla matinales.

ANDALUCIA. Máxima, de 18 a 22; mínima, de 1 a 10. Predominio de los cielos poco nubosos o depejados, con ambiente primaveral durante el día. Brumas y nieblas en la costa. Marejadilla.

ARAGON. Máxima, de 10 a 18; mínima, de 2 a 9. Predominio de los cielos parcialmente nubosos en las cumbres montañosas. Grandes claros o cielos despejados en el resto. Nieblas matinales en el valle.

ASTURIAS. Máxima, de 14 a 16; mínima, de 8 a 11. Cielos nubosos o parcialmente nubosos, con brumas y bancos de niebla matinales y ambiente más templado durante el día. Areas de marejada.

BALEARES. Máxima, de 18 a 20; mínima, de 6 a 11. Intervalos nubosos, más frecuentes en el norte de las islas, con ambiente más templado y menos ventoso. Nieblas matinales. Marejada.

CANARIAS. Máxima, de 18 a 22; mínima, de 14 a 17. Predominio de los cielos nubosos o parcialmente nubosos durante el día, con tiempo menos inestable. Ambiente templado y suave.

CANTABRIA. Máxima, de 13 a 15; mínima, de 10 a 12. Cielos nubosos o parcialmente nubosos, con brumas y bancos de niebla matinales y ambiente más templado durante el día. Areas de marejada.

CASTILLA Y LEON. Máxima, de 10 a 16; mínima, de 1 a 5. Predominio de los cielos nubosos o parcialmente nubosos en las áreas montañosas. Grandes claros en el resto. Nieblas mañaneras. Más templado. Fresco nocturno.

CASTILLA-LA MANCHA. Máxima, de 15 a 18; mínima, de 1 a 6. Predominio de los cielos parcialmente nubosos o despe-

jados, con ambiente más templado durante el día. Nieblas o neblinas matinales.

CATALUÑA. Máxima, de 15 a 19; mínima, de 3 a 9. Nuboso y ligeramente inestable en los Pirineos. Parcialmente nuboso o despejado en el resto. Suave. Bancos de niebla matinales. Marejadilla.

ESTRECHO. Máxima, de 19 a 23; mínima, de 12 a 15. Tiempo seco y cielos poco nubosos o despejados, con vientos flojos variables. Ambiente templado. **Melilla:** Grandes claros y suave.

EUSKADI. Máxima, de 10 a 14; mínima, de 5 a 10. Cielos nubosos o parcialmente nubosos, con brumas y bancos de niebla matinales y ambiente más templado durante el día. Ligera inestabilidad aislada. Marejada.

EXTREMADURA. Máxima, de 19 a 21; mínima, de 6 a 9. Predominio de los cielos parcialmente nubosos o despejados, con ambiente más templado durante el día. Nieblas o neblinas matinales.

GALICIA. Máxima, de 12 a 18; mínima, de 5 a 11. Cielos nubosos o parcialmente nubosos, con bancos de niebla o brumas

matinales y ambiente más templado durante el día. Areas de marejada.

MADRID. Máxima, de 15 a 17; mínima, de 2 a 4. Tiempo seco y ambiente primaveral y soleado durante gran parte del día. Nubes desarrolladas por la tarde en la sierra. Fresco nocturno.

MURCIA. Máxima, de 22 a 24; mínima, de 5 a 7. Tiempo seco y estable, con cielos parcialmente nubosos o despejados, con algunas brumas o bancos de niebla matinales. Suave. Marejadilla.

NAVARRA. Máxima, de 12 a 14; mínima, de 6 a 8. Cielos nubosos o parcialmente nubosos, con brumas y bancos de niebla matinales y ambiente más templado durante el día. Ligera inestabilidad.

RIOJA. Máxima, de 13 a 15; mínima, de 6 a 8. Cielos nubosos o parcialmente nubosos, con bancos de niebla o brumas matinales y ambiente más templado durante el día. Fresco matinal.

VALENCIA. Máxima, de 19 a 21; mínima, de 7 a 9. Tiempo seco y estable, con cielos parcialmente nubosos o despejados y con algunas brumas o bancos de niebla matinales. Primaveral. Marejadilla.

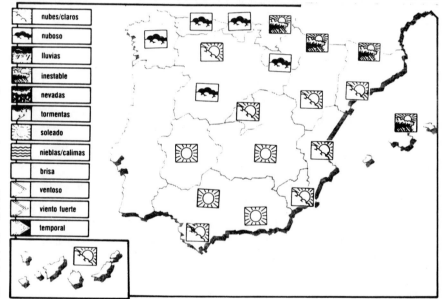

nubes/claros		
nuboso		
lluvias		
inestable		
nevadas		
tormentas		
soleado		
nieblas/calimas		
brisa		
ventoso		
viento fuerte		
temporal		

EXTRANJERO

Amsterdam	S, 7-15	México	A, 14-25
Atenas	t, 12-23	Miami	A, 20-26
Berlín	S, 8-17	Montevideo	S, 10-22
Bonn	S, 8-16	Moscú	S, 5-12
Bogotá	t, 10-22	Munich	I, 8-17
Bruselas	S, 9-16	N. York	S, 6-19
B. Aires	t, 12-21	Oslo	CH, 5-15
Cairo, El	A, 15-30	Panamá	C, 20-32
Caracas	A, 17-27	París	S, 5-16
Copenhague	CH, 8-16	Pekín	S, 10-24
Dublín	V, 5-9	Quito	t, 11-23
Estocolmo	CH, 4-13	Rabat	t, 14-25
Francfort	I, 7-15	R. Janeiro	C, 19-32
Ginebra	V, 8-16	Roma	S, 10-20
Guatemala	A, 15-27	San Juan	C, 21-32
Habana, La	C, 22-28	S. Salvador	C, 20-30
Hamburgo	I, 8-17	S. Domingo	S, 11-20
Lima	A, 15-26	Santiago	N, 12-20
Lisboa	t, 12-19	Seúl	S, 12-20
Londres	V, 8-15	Tokio	t, 14-24
Los Angeles	A, 16-27	Viena	CH, 6-12
Managua	C, 20-30	Washington	S, 11-24
Manila	B, 26-33	Zurich	V, 8-17

Abreviaturas: CH: Chubascos. LL: Lluvias. T: Tormentas. ll: Lloviznas. S: Seco/soleado. N: Nubes, nieblas, calimas. n: Nieve. V: Nubes-claros. I: Inestable-inseguro. A: Agradable. T: Templado. D: Destemplado/desapacible. f: Fresco. F: Frío. G: Glacial/gélido. B: Bochornoso. C: Caluroso.

¿Cómo...?

• **EXPRESAR INTENCIONES**	¡Qué calor! Voy a bañarme...
• **PROPONER ALTERNATIVAS**	¿Fumador o no fumador?
• **EXPRESAR DESCONOCIMIENTO**	No sé
• **EXPRESAR PROBABILIDAD O DUDA**	No sé... Creo que sí
• **EXPRESAR INDIFERENCIA**	Me da igual
• **RESPONDER EXPRESANDO INCERTIDUMBRE**	A. En España, ¿hace frío o calor? B. Bueno... depende...

CONTENIDO LINGÜÍSTICO

Gramática

IR A + INFINITIVO (intención)

voy
vas
va
vamos
vais
van

+ a + infinitivo

- **Cuando el verbo va en infinitivo, el pronombre puede ir detrás de él o antes del verbo auxiliar.**
  Ejemplo: *Juan va a ducharse.*
  Juan se va a duchar.

- **El verbo es impersonal cuando hablamos del tiempo: no lleva sujeto.**
  Ejemplo: *Está lloviendo — hace frío — nieva*

LÉXICO

amplía tu vocabulario

el campo
la piscina
la playa
la montaña
el sol
la lluvia
la nieve
las vacaciones
el fin de semana
el billete
norte
sur
este
oeste
centro

Un **chiste** es una historia divertida muy corta.

¿Pillas el chiste?

— Camarero, una tortilla por favor.
— ¿La quiere francesa o española?
— Me da igual, ¡no voy a hablar con ella!

¡OJO! | Léxico de Hispanoamérica

la piscina = la pileta (Arg.) la alberca (Méx.)
el campo = la milpa (Méx.)
hacerse daño = lastimarse (Arg.)
En los países hispanoamericanos del hemisferio sur, el **verano** comprende los meses de diciembre, enero y febrero; el **invierno** comprende los meses de junio, julio y agosto.

tienes que saber...

1. Lee el texto y contesta

Antonio: ¿Cuándo te vas, por fin, de vacaciones?

Luis: No sé, yo quiero irme en julio o en agosto, pero antes tengo que hablar con mi jefe. Y tú, ¿cuándo te vas?

Antonio: Yo, dentro de quince días. El 1 de junio cojo el avión. Ya tengo el billete.

Luis: ¡Qué bien! ¿Y adónde vas este año?

Antonio: A México. Voy a estar todo el mes de julio porque quiero conocerlo muy bien.

Luis: Pues yo me quedo en España. No sé si ir a la playa o a la montaña, me da igual. Sólo quiero descansar y olvidarme del trabajo.

a) ¿Cuándo quiere irse Luis de vacaciones?
b) ¿Qué tiene que hacer antes de irse de vacaciones?
c) Y Antonio, ¿cuándo se va y adónde?
d) ¿Cuánto tiempo va a estar allí?
e) ¿Adónde va a ir Luis de vacaciones?

2. En grupos: organizad un viaje corto por España. Tenéis que decidir:

- ADÓNDE vais (playa, montaña, ciudad)
- CÓMO vais (tren, coche, autobús,...)
- DÓNDE dormís (hotel, cámping, casa particular...)
- POR QUÉ habéis elegido ese lugar.
- otros detalles.

Después, explicad vuestros planes a vuestros compañeros de la clase:

vamos a ir...
vamos a visitar/ver...
vamos a esquiar/nadar...

actividades.

pronunciación.

Escucha estas palabras y observa cuál es la sílaba más fuerte

próximo   boca**di**llo
se**ma**na   mon**ta**ña
esta**ción**   **prác**tico

Ahora escucha las siguientes palabras y ordénalas según la sílaba más fuerte:

México	bi**lle**te	fuma**dor**

D E S C U B R I E N D O

El año en refranes...

En enero, se hiela el
agua en el puchero

En febrero,
busca la sombra el perro

Marzo ventoso
abril lluvioso
hacen a mayo
florido y hermoso

En junio,
la hoz en el puño

Julio caliente,
quema al más valiente

Luna de agosto y
frío en rostro

Septiembre, se lleva los puentes
o seca las fuentes

En octubre,
la hoja el campo pudre

En noviembre, haz la matanza
y llena la panza

En diciembre, sale el sol
con tardura y poco dura

El mes de enero en el mundo

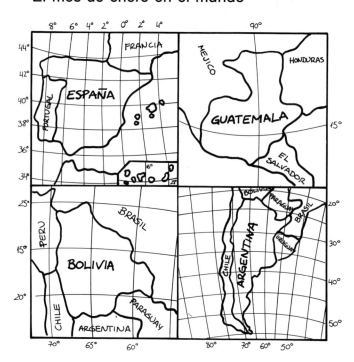

En España es invierno.

El Clima de Hispanoamérica

En Hispanoamérica, desde México hasta la Tierra de Fuego en Argentina, se dan todos los climas. En México, Centroamérica y Sudamérica, excepto en el Cono Sur (Uruguay, Chile y Argentina), el clima es tropical o subtropical, y sólo hay dos estaciones, la lluviosa y la seca, muy caluroso todo el año si exceptuamos las zonas montañosas. En algunos picos de los Andes hay nieve todo el año.

En Uruguay, Chile y Argentina, por estar en zona templada, hay cuatro estaciones. Pero, por su situación en el hemisferio sur, los meses de verano corresponden a los de invierno en España y Europa y los de primavera, al otoño.

En Guatemala es la estación seca.

En Bolivia es la estación húmeda.

Busca cuatro ejemplos de países donde...

— hay dos estaciones: la húmeda y la seca
— hay cuatro estaciones

¿A qué estación corresponde el mes de mayo en los siguientes países?

— Guatemala
— Venezuela
— Chile
— Cuba

En Argentina es verano.

TEST 3

Repaso unidades 7, 8 y 9

1. Completa con: kilo, litro, botella, docena, gramos, lata.

a. ¿Dónde está la botella de agua?
b. Oiga, por favor ¿Cuánto vale una ....de rosas?
c. En la cocina hay una ....de atún.
d. Isidro toma medio ....de leche para desayunar.
e. Compra un ....de arroz para la paella.
f. Trescientos ....de jamón, por favor.

2. Ordena el diálogo.

A. ¿De qué talla?
B. Buenas tardes.
C. Aquí tiene la talla 48.
D. Una chaqueta negra.
E. Esta azul es más estrecha, pero es más cara.
F. Buenas tardes, señor, ¿qué desea?
G. Es muy elegante. Bueno, sí, me la llevo.
H. No está mal, pero prefiero una más estrecha.
I. De la 48.

3. Pon las frases en el tiempo adecuado.

Ejemplo:
  a. ¿Está Marta?
  b. Sí, soy yo.
  a. Marta, soy Cloti ¿Qué (hacer)? ....**estás haciendo**
b. (oír música) ....
a. Y Paco, ¿está ahí?
b. Sí, (ver la tele) ....

a. Tus padres no están, ¿verdad?

b. No, (cenar fuera) ....

a. ¡Ah! Es que yo no (hacer nada). .... ¿Quieres ir al teatro a las 10?

b. Lo siento, no puedo, (esperar a unos amigos alemanes) ....

a. Bueno, pues hasta luego.

b. Adiós.

4. ¿Te acuerdas de...

— cuándo es el cumpleaños de tu madre?

— cuándo es el cumpleaños de tu mejor amigo?

— cuándo empiezan las vacaciones?

— cuándo es el próximo examen?

— cuándo empieza la primavera?

5. Hablemos del tiempo

Ejemplo:

¿Qué tiempo hace en Inglaterra en Febrero?

Hace frío y nieva.

Ahora di el tiempo que crees que hace en:

España en agosto:

México en verano:

Grecia en diciembre:

Argentina en enero:

Alemania en otoño:

6. ¿QUE VAN A HACER LAS SIGUIENTES PERSONAS?

UNIDAD 10

Arancha Sánchez Vicario
Ganadora Roland Garros

UNIDAD 10

Título

¿QUÉ HAS HECHO?

Objetivos Comunicativos

- Hablar de hechos pasados
- Justificarse
- Preguntar por la salud
- Hablar de la salud
- Expresar una acción terminada

Objetivos Gramaticales

- Marcadores temporales (II)
- Participios
- Pretérito Perfecto
- Pretérito Indefinido (1.ª pers.) de estar, ir
- Presente de Indicativo de doler

Objetivos Culturales

- Pintura española e hispanoamericana: Goya, El Greco, Velázquez, Dalí, David Alfaro Siqueiros, Oswaldo Guayasamín

Pronunciación

- Pronunciación y ortografía de "c", "z", "qu"

Léxico

- Partes del cuerpo humano. La salud

bjetivos.

A. *Es que no he tenido tiempo.*

Marisa y Tomás llegan tarde a la oficina.

Marisa y Tomás: ¡Buenos días!
Gerente: ¡Hola!, ¡pasen!. Marisa, ¿por qué ha llegado usted tarde?
Marisa: Lo siento. He estado en el médico.
Gerente: Está bien. Y usted, Tomás, ¿por qué ha llegado tarde?
Tomás: Es que... he perdido el autobús.
Gerente: ¡Vaya, hombre! ¡A ver!, ¿han preparado ya los balances?
Marisa: Sí, yo ya he terminado.
Tomás: Yo, todavía no. Es que no he tenido tiempo.

¡tienes la palabra!

Para ayudarte:

A. ¿Por qué **has llegado** tarde?		¡OJO!
B. Es que **he perdido** el autobús.	LLEG**AR** LLEG**ADO**	HACER
	PERD**ER** PERD**IDO**	**HECHO**
	VIV**IR** VIV**IDO**	

1. En parejas.

A pregunta y B responde:
A. *¿Por qué has llegado tarde?*
B. (PERDER EL AUTOBUS) *Es que he perdido el autobús.*
A. *Está bien...*

A
¿Por qué...
...has llegado tarde?
...no has llamado por teléfono?
...no has comprado el periódico?
...no has venido a comer a casa?
...llevas la camisa sucia?

B
Es que...
...no (PODER)
...no (OIR) el despertador
...(COMER) con un amigo
...no (TENER) tiempo
...(CAERSE)

2. Mira los dibujos. ¿Qué ha hecho hoy Manolo?

3.

Pregunta a tu compañero:

— ¿Has tomado café?
— ¿Has venido en taxi?
— .....

B. *¿Dónde has estado este verano?*

Iñigo:	¿Qué has hecho este verano?
Rafa:	He estado en Egipto, en un viaje organizado. Me lo he pasado muy bien. ¿Has estado tú en Egipto alguna vez?
Iñigo:	Sí, estuve allí hace dos años. Fui con unos compañeros de trabajo.
Rafa:	Y tú, ¿qué has hecho este verano?
Iñigo:	Pues yo no he salido de España. En julio fui a la playa y en agosto estuve en el pueblo, en casa de mis padres.

¡tienes la palabra!

Para ayudarte:

en julio agosto ... hace una semana dos meses tres años ... el mes pasado año ayer	ESTUVE... FUI...

este verano mes año ... hoy	HE VISTO... HE ESTADO... HE HECHO... NO HE SALIDO...

"¿Qué tal las vacaciones?"
"¡Me lo he pasado muy bien!"

1.

En parejas. Pregunta a tu compañero.

A

— ¿Has estado alguna vez en París/Madrid/México/África/...

— ¿Cuándo/con quién/cómo?

B

— No, no he estado nunca.
— Sí, estuve...
— Hace tres años,/fui con.../fui en tren/...

2. ¿Cuáles de estas cosas has hecho? Explica cuándo, dónde, etc...

¿Has hablado con una persona muy famosa?
¿Has estado muy enfermo/a?
¿Has tenido un accidente muy grave?
¿Has visto un terremoto/huracán/volcán?
¿Has escrito poemas?

C. *Cajón de sastre: el cuerpo humano*

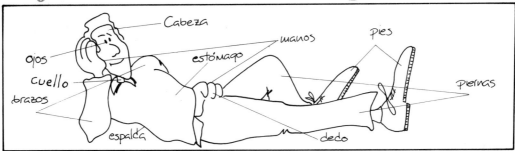

Inés:	¡Mamá!, José Mª está llorando, no puede andar.
Madre:	José Mª, ¿qué te ha pasado? ¿Te encuentras bien? ¿Qué te duele?
José Mª:	Me he caído de la bici, me duele mucho esta pierna.
Madre:	¡Vamos al puesto de socorro! Allí hay un médico. Creo que se ha roto una pierna.

¡tienes la palabra!

> Para ayudarte:

> A. ¿Qué te duele?
> B. (A mí) me duele esta pierna.

1. Di qué les duele a estas personas. Utiliza este vocabulario: un dedo, la cabeza, la garganta, los ojos, los pies, la espalda.

Ejemplo: *Anoche Ana cenó demasiado.   A Ana le duele el estómago.*

a) Ayer Juan estuvo todo el día tomando el sol.
b) José tomó agua muy fría.
c) Mª Luisa ha estado toda la noche viajando en autobús.
d) Rosa ha andado mucho.
e) Julia anoche estuvo leyendo hasta muy tarde.
f) Concha se ha cortado con un cuchillo.
g) Andrés ha estado todo el día escribiendo a máquina.

2. En parejas. A señala distintas partes de su cuerpo y B dice el nombre.

¿Cómo...?

• **HABLAR DE HECHOS PASADOS**	Este verano he estado en España. Ayer fui al cine.
• **JUSTIFICARSE**	A. ¿Por qué no has terminado los ejercicios? B. Lo siento. **Es que...**
• **PREGUNTAR POR LA SALUD**	¿Te encuentras bien? ¿Cómo te encuentras? ¿Qué te pasa?
• **HABLAR DE LA SALUD**	Me duele... Tengo fiebre/dolor de... Me he roto/cortado/...
• **EXPRESAR UNA ACCIÓN TERMINADA**	**Ya** he leído El Quijote
• **EXPRESAR UNA ACCIÓN EM-PEZADA, NO TERMINADA**	**Estoy leyendo** El Quijote
• **EXPRESAR UNA ACCIÓN NO EMPEZADA**	**Todavía no** he leído El Quijote

Gramática

Pretérito Perfecto

HE
HAS
HA
HEMOS   LLEGADO
HABÉIS
HAN

Participio Pasado

-ar   -ADO
-er   -IDO
-ir   -IDO

Pretérito Indefinido

ESTAR	ESTUVE (yo)
IR	FUI (yo)

Participios Pasados irregulares

HACER	HECHO
ESCRIBIR	ESCRITO
DECIR	DICHO
VER	VISTO
ABRIR	ABIERTO
VOLVER	VUELTO
PONER	PUESTO
ROMPER	ROTO

Expresiones de tiempo

Hoy				
Esta	mañana tarde noche semana			
Este	mes año	**he estado** en España.	**Con Pretérito Perfecto**	
¿Alguna vez?				
Nunca				
Ya/Todavía no				

Ayer			
Hace dos	meses años días	**estuve** en España.	**Con Pretérito Indefinido**
El	mes año pasado		
La semana pasada			

Presente de DOLER, como GUSTAR

ME
TE
LE
NOS
OS
LES

duele la cabeza
duelen los pies

LÉXICO

amplía tu vocabulario

los dientes	el médico	encontrarse bien/mal
las muelas	el dentista	hacerse daño
el corazón	la enfermedad	caerse
la rodilla		cortar(se)
		gritar

tienes que saber...

1.

 ¿Qué le ha pasado a cada uno?. Completa la frase con el nombre correspondiente.

| LOLA | ANTONIO | PÍO | CARLOS |

....ha bebido demasiado.

....ha aprobado el examen.

....se ha roto una pierna.

....ha tomado demasiado el sol.

2.

¡Adiós a las vacaciones!

2.1 Es el último día de vacaciones para los Peláez. Tienen que recogerlo todo en su apartamento de la playa. Pero tardan mucho porque no les gusta tener que irse. Mira este dibujo y di lo que tienen que hacer. Usa los verbos de **para ayudarte**.

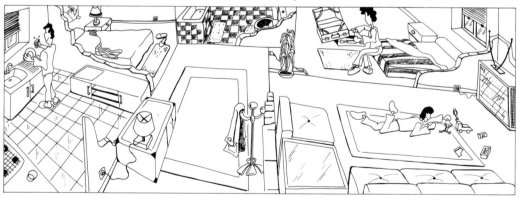

Para ayudarte:

APAGAR la tele	PREPARAR las maletas
FREGAR los platos	HACER las camas
RECOGER los juguetes	DUCHARSE
	CERRAR las persianas

Ahora, mira en la página siguiente el dibujo 2.2

actividades.

2. 2 Ha pasado una hora. Observa lo que ha hecho cada uno de los personajes:

Juan **ya** ha fregado los platos.

Gonzalo **todavía** no ha recogido sus juguetes.

¡No mires el primer dibujo! Intenta recordar qué ha hecho **ya** cada uno y qué **no** ha hecho **todavía**.

3. Lee y responde:

Largo fin de semana

Lunes, 16 de octubre

Este fin de semana ha sido muy ajetreado en las carreteras españolas, debido al "puente". Más de un millón de madrileños han aprovechado la festividad de la Virgen del Pilar para disfrutar en las playas de Alicante o en la Sierra de Madrid los últimos días cálidos antes del invierno. Los atascos más importantes se han producido en la salida de las carreteras Nacionales VI, a la Coruña, y IV, a Andalucía.

¿Verdadero o falso?

1. Muchos madrileños van a las playas de La Coruña cuando hay puente.
2. Falta poco para el invierno.
3. Ha habido muchos atascos en el puente del Pilar.
4. Algunos madrileños han tenido tres días de puente.
5. Sólo ha habido atascos en dos carreteras.

	V	F
1		
2		
3		
4		
5		

actividades.

pronunciación.

Pronunciación y Ortografía: C, Z, Q

"— La B con la A hace BA, y la C con la A hace ZA...
— Pues no, la C con la A, hace KA, y la C con la I hace CI y la C con la E hace CE y la C con la O hace KO...
— Señorito Lucas, y ¿por qué estos caprichos?
— Es la gramática, oye, el por qué pregúntaselo a los académicos".

"Los Santos Inocentes" de Miguel Delibes

1. Escucha estas palabras y repítelas. Atención al primer sonido.

/ θ /	/ k /
cero	querer
zapato	caro

¡cuidado!

	a	e	i	o	u
/k/	ca	que	qui	co	cu
/θ/	za	ce	ci	zo	zu

2. Escucha estas palabras. ¿Cuáles empiezan con el mismo sonido que "cero, zapato" y cuáles con el de "querer, caro"?

/ θ /	/ k /
cero	caro

cosa, zona, cero, casa, cine, queso, zumo, quien, cuello, zapato.

DESCUBRIENDO

descubriendo...

A un hombre de gran nariz

Erase un hombre a una nariz pegado,
érase una nariz superlativa,
érase una alquitara medio viva,
érase un peje espada mal barbado;

érase un reloj de sol mal encarado,
érase un elefante boca arriba,
érase una nariz sayón y escriba,
un Ovidio Nasón mal narigado.

Erase el espolón de una galera,
érase una pirámide de Egipto,
las doce tribus de narices era;

Erase un naricísimo infinito,
frisón archinariz, caratulera,
sabañón garrafal, morado y frito.

Francisco de Quevedo (s. XVII)

La Noche de los Ricos
Diego Rivera (Méjico, 1886-1957)

Mural de la Revolución
Alfaro Siqueiros (Méjico, 1898-1974)

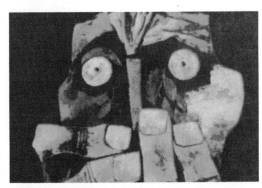

Lágrimas de Sangre
Oswaldo Guayasamin (Ecuador, 1919)

Gala
Salvador Dalí (Figueras, 1904-1989)

Martirio de San Bartolomé
El Greco (1541-Toledo, 1614)

La Venus del Espejo
Velázquez (Sevilla, 1599-Madrid, 1660)

¿Qué cuadro te parece más...
— triste?
— alegre?
— impresionante?
— bello?
— dramático?

¿Qué otras palabras usarías para describir alguno de estos cuadros?
¿Cómo son los personajes de los cuadros?

escubriendo...

UNIDAD 11

Patio de los Leones - La Alhambra Granada
Fotógrafo Brotons.

UNIDAD 11

Título   AYER

Objetivos Comunicativos   • Interesarse por el estado de alguien
                                    • Describir estado de personas y objetos
                                    • Hablar de hechos pasados

Objetivos Gramaticales   • Indefinidos
                                    • Forma negativa (II)
                                    • Uso de las preposiciones EN, A, DES-
                                      DE, ENTRE, HASTA

Objetivos Culturales   • Cantantes españoles: Mecano, Serrat,
                                      J. Iglesias, Rocío Jurado
                                    • Cantantes hispanoamericanos: Silvio
                                      Rodríguez, Mercedes Sosa, Los Cal-
                                      chaquis

Pronunciación   • Acentuación de las formas verbales

Léxico   • Estados de ánimo
                                    • Citas

Objetivos.

A. *Sospechosos*

1. Álvaro tiene problemas con su novia Cristina

A: ¿Por qué no me llamaste ayer?

C: Es que estuve en la oficina hasta las nueve. Luego tuve una cena de negocios con un cliente y lo llevé a su hotel...

A: Ya. Y después te fuiste a la discoteca, ¿no?

C: ¡Cómo eres! Me fui a casa, a dormir.

A: ¿Y por qué no me llamaste desde la oficina o el restaurante?

C: Bueno, yo... es que...

2. Quique tiene problemas con el inspector de policía

I: ¿Qué hizo usted el viernes pasado desde las 7 hasta las 12 de la noche?

Q: El viernes fui al cine Liceo. Entré en el cine a las 7 aproximadamente y salí a las 9.

I: ¿Habló usted con alguien en el cine, con el acomodador, con el camarero del bar...?

Q: No, no hablé con nadie.

I: Bien. Y después del cine, ¿adónde fue?

Q: A un restaurante, el "Don Pancho". Cené con unos amigos.

I: ¿A qué hora llegó a este restaurante?

Q: Creo que llegué allí a las nueve y media o diez menos cuarto.

I: El "Don Pancho" está muy cerca del cine Liceo. ¿Dónde estuvo entre las nueve y las nueve y media?

Q: Eeeeh... pues yo... estuve... No me acuerdo...

¡tienes la palabra!

CENAR	cen**é**	cen**aste**	cen**ó**
COMER	com**í**	com**iste**	com**ió**
SALIR	sal**í**	sal**iste**	sal**ió**

Para ayudarte:

ESTAR	estuve	estuviste	estuvo
TENER	tuve	tuviste	tuvo
HACER	hice	hiciste	hizo
IR(SE)	(me) fui	(te) fuiste	(se) fue

1.

En parejas.

Consultad la agenda de Pedro para la semana pasada. A y B tienen cada uno esta agenda incompleta. Se preguntan sobre los datos que faltan y cada uno completa su agenda.

Ejemplo:
A. ¿Qué hizo Pedro el jueves por la tarde?
B. (El jueves por la tarde) hizo la compra.

B. ¿Y qué hizo Pedro el jueves por la mañana?
A. (El jueves por la mañana)...

A.

	lunes	martes	miércoles	jueves	viernes	sábado	domingo
mañana	DENTISTA			ENTREVISTAS	TENIS		
tarde		CINE	EXPOSICIÓN MUEBLES			CENA CON CHARO	COMER CON PADRES

B.

mañana	SALIÓ AL CAMPO.	REUNIÓN			VISITÓ FÁBRICA.	LLAMAR ABOGADO.	
tarde			DISCOTECA.	HACER COMPRA.			
	domingo	sábado	viernes	jueves	miércoles	martes	lunes

2.

En parejas.
A. es el/la sospechoso/a
B. es el/la policía

Ayer por la mañana se cometió un robo. B pregunta a A qué hizo ayer por la mañana y apunta las respuestas.
Luego, todos los "policías" cuentan lo que hicieron los "sospechosos".
La clase decide quién es el/la ladrón/a.

B. ¡*Vaya fiesta de cumpleaños!*

¿Te han regalado algo?
No, no me han regalado nada.

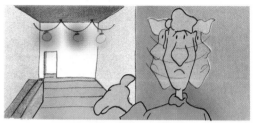

¿Ha venido alguien a tu fiesta?
No, no ha venido nadie.

¿Hay alguna cerveza en la nevera?
No, no hay ninguna.

¿Tienes algún disco de Julio Iglesias?
No, no tengo ninguno.

¡Feliz cumpleaños!

¡*tienes la palabra!*

Para ayudarte:

> ALGO —— NADA
> ALGUIEN —— NADIE
> ALGUNO/A —— NINGUNO/A
> ALGÚN + SUSTANTIVO —— NINGÚN + SUSTANTIVO

1.

Pregunta a tu compañero si tiene alguna de estas cosas:

Ejemplo:

A. *¿Tienes alguna falda roja?*

B. *Sí, tengo tres.*
   No, no tengo ninguna.

— disco de Pavarotti
— camisa de cuadros
— amigo en Japón

— planta tropical
— animal en casa

2.

En parejas. A pregunta y B responde siempre negativamente:

Ejemplo:

A

— *¿Ha llamado alguien por teléfono?*
— ¿Quieres tomar algo?
— ¿Hay alguien en clase?
— ¿Hay algo interesante en la tele?
— ¿Necesitas algo?

B

— *No, no ha llamado nadie.*

C. *Cajón de sastre: pero... ¿qué te pasa?*

Juan: ¿Qué te pasa?, ¿estás enfadada?
Ana: No, estoy cansada, es que hoy he trabajado mucho.

A. ¿Está ocupada esta silla?
B. No, está libre.
.....
A. Mira, la mesa está sucia y el cenicero está lleno de colillas.

¿Cómo está María?

| contenta | preocupada | enfadada | nerviosa | tranquila |

¡*tienes la palabra!*

1.

En parejas.

A expresa con mímica un estado de ánimo y B intenta adivinarlo, siguiendo el ejemplo anterior.

2.

Mira estos dibujos. La maleta está

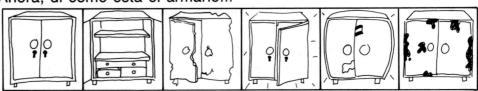

| llena | vacía | sucia | cerrada | limpia | rota |

Ahora, di cómo está el armario...

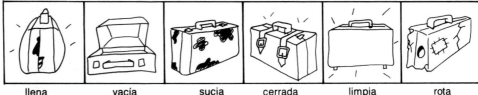

¿**C**ómo…?

• **INTERESARTE POR EL ESTADO DE ALGUIEN**	¿Qué te pasa?
• **DESCRIBIR ESTADOS DE PERSONAS Y OBJETOS**	Estoy cansada. La maleta está vacía.
• **HABLAR DE HECHOS PASADOS**	A. ¿Qué hiciste anoche? B. Anoche cené con Juan.

Gramática

• **Indefinidos:**

ALGO — NADA   ALGUNO/A
ALGUIEN — NADIE   ALGUNOS/AS   } NINGUNO/A

¡cuidado!	ALGÚN NINGÚN	+ sustantivo masculino singular

¿Tienes muchos discos de Mecano? ¿Me dejas **alguno**?
¿Tienes **algún** disco de Mecano?

• **FORMA NEGATIVA (II):**

| NADIE
 NADA | + verbo | o | NO | + verbo | + | nadie <br> nada |

Nadie viene — No viene nadie
Nada es perfecto — No comes nada

• **USO DE LAS PREPOSICIONES:**

estar EN
ir A
llamar (por teléfono) DESDE
A las tres
llegar A
ENTRE
DESDE… HASTA…

Estuve en la oficina. Luego me fui a casa.
Juan ha llamado desde el aeropuerto.
¿Qué hizo Vd. desde las 7 hasta las 12?

• **PRETÉRITO INDEFINIDO:**

ESTAR	IR
estuve	fui
estuviste	fuiste
estuvo	fue
estuvimos	fuimos
estuvisteis	fuisteis
estuvieron	fueron

VER	TENER
vi	tuve
viste	tuviste
vio	tuvo
vimos	tuvimos
visteis	tuvisteis
vieron	tuvieron

HACER	OÍR
hice	oí
hiciste	oíste
hizo	oyó
hicimos	oímos
hicisteis	oísteis
hicieron	oyeron

LÉXICO

amplía tu vocabulario

Tener una:
  comida de negocios
  reunión
  entrevista
  cita
  visita

Estar:
  harto
  deprimido
  enamorado
  de mal humor
  de buen humor
  aburrido

¡OJO! Léxico de Hispanoamérica
  un regalo de cumpleaños = la cuelga (Colom. y Venez.)
  bonito = lindo
  irritado = bravo
  enfadado = enojado
  calendario = almanaque
  ¡pase! ¡entre! = ¡siga!

Tienes que saber...

¡Qué despiste!

Ordena los dibujos y cuenta la historia.
Esto es lo que le pasó a Juan Rodríguez ayer.
Ejemplo: *Sonó el despertador...*

1. desayunar

2. no ver a nadie

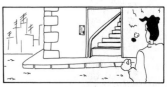

3.volver a casa

4. acostarse otra vez

5. sonar el despertador

6. mirar el calendario

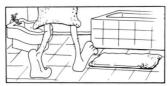

7. ducharse

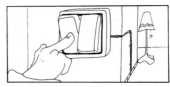

8. encender la luz

9. llegar a la oficina

10. despertarse

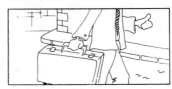

11. irse al trabajo

12. levantarse

Escucha y completa:

— Pilar, ¿tienes ....disco de Madonna?
— No, ...¿Por qué?
— Es que a mí me gusta mucho.
— ¿Sí? Pues a mí no me gusta ....
— ¿Qué tipo de música te gusta?
— La clásica.
— Pero si la música clásica no le gusta a ....
— Sí, mujer. A ....nos gusta.

Escribe una carta contando lo que hiciste el último fin de semana.

pronunciación.

1. Escucha y repite. Atención a los acentos.

a) yo siempre **lle**vo gafas.
b) Ayer Pedro me lle**vó** en coche.
c) Nunca **lle**go tarde. Soy muy puntual.
d) El martes pasado Pedro lle**gó** tarde.

2. Escucha y escribe los verbos que oigas en la columna correspondiente:

Ejemplo:

	YO SIEMPRE...	AYER PEDRO...	
1	llamo	llamó	(LLAMAR)
2			(ENTRAR)
3			(CENAR)
4			(LLEGAR)
5			(HABLAR)
6			(LLEVAR)

3. En parejas. Leed en voz alta estos diálogos. Las sílabas en negrita se pronunciarán más fuerte.

A
1. Te lla**mé** ayer.
2. Ayer ha**blé** con una amiga.
3. ¿A quién lle**vó** Vd. en coche ayer?
4. ¿Por dónde en**tró** Vd.?
5. ¿Con quién ce**nó** Vd. anoche?

B
¿Cuándo me lla**mas**te?
¿Con quién ha**blas**te?
Yo nunca **lle**vo en coche a nadie.
Yo siempre **en**tro por la puerta.
Yo siempre **ce**no solo.

DESCUBRIENDO

descubriendo...

Te doy una canción (Silvio Rodríguez)
cantautor cubano

Cómo gasto papeles recordándote
cómo me haces hablar en el silencio,
cómo no te me quitas de las ganas
aunque nadie me vea contigo,
y cómo pasa el tiempo que, de pronto,
son años sin pasar por ti, por mí, detenida.

Te doy una canción si abro una puerta
y de la sombra sales tú,
te doy una canción de madrugada
cuando más quiero tu luz.
Te doy una canción **cuando apareces
el misterio del amor,**
y si **no lo apareces,** no me importa;
yo te doy una canción...

silvio
rodriguez
1968/1970
"al final
de este
viaje"...

escubriendo...

Joan Manuel Serrat
Cantautor catalán, que nos describe
el amor y la vida cotidiana.
Ha compuesto música sobre
poemas de Miguel Hernández y Antonio
Machado. Y siempre acompañado
de "LA GUITARRA"

Mercedes Sosa
Cantante argentina de honda
raíz folklórica. ¿Quién no
recuerda "GRACIAS A LA VIDA"?

Julio Iglesias
El más internacional de los cantantes
españoles. Sus canciones se tararean
en todo el mundo. Empezó con "LA VIDA
SIGUE IGUAL" pero llegó a "SOY UN TRUHÁN,
SOY UN SEÑOR"

Mecano
Este grupo español de música pop,
que escribe sus propias canciones,
se pasea por el mundo con su
"NO HAY MARCHA EN NUEVA YORK"

Rocío Jurado
Representante de la canción
"española" canta con fuerza
"COMO UNA OLA"

Los Calchaquis
Grupo de música tradicional hispanoamericana
Descubrimos sus tierras en
"PUEBLOS DEL SUR"

— ¿De cuál de estos cantantes has oído hablar?
— ¿Quién canta poemas de Miguel Hernández y Antonio Machado?
— ¿Cuál es el más conocido internacionalmente?
— ¿Podrías presentar a tus compañeros diversos cantantes de tu país?

UNIDAD 12

Torre Picasso Madrid
Fotógrafo Brotons.

UNIDAD 12

Título	EL MAÑANA

Objetivos Comunicativos

- Hacer predicciones y proyectos
- Expresar decepción
- Hablar por teléfono
- Hacer comparaciones
- Pedir una información

Objetivos Gramaticales

- Pronombres posesivos (1.ª, 2.ª y 3.ª pers. sing.)
- Adjetivos demostrativos (II)
- La comparación (I)
- El futuro Imperfecto
- Futuro de hacer, tener, poder, venir, poner

Objetivos Culturales

- Acercándonos a Argentina, Bolivia, Chile, Ecuador, Paraguay, Perú y Uruguay

Léxico

- Conversación telefónica

Pronunciación

- La ''g'' y la ''j''

Objetivos.

A. ¿Qué pasará?

Adivina: Joven, aquí veo muchas cosas buenas. Tendrás mucha suerte el próximo año... harás un viaje al extranjero, muy interesante...

El joven: ¿Adónde? ¿A América?

Adivina: Un momento, no está claro... no, a Lisboa.

El joven: ¡Vaya!, ya he estado allí.

Adivina: Sigamos... conocerás a una chica.

El joven: ¿Sí? ¿Cómo es?

Adivina: Alta, rubia, muy moderna, tiene un perro.

El joven: ¡Vaya por Dios!. ¡Es Charo, mi antigua novia!

Adivina: ¡Calla!... te tocará el gordo en la lotería de Navidad.

El joven: Pero, señora, estamos en febrero y la lotería de Navidad es en diciembre.

Adivina: Lo siento, joven. No importa, tendrás mucho éxito en tu trabajo.

El joven: Es bastante difícil..., no tengo trabajo, estoy en el paro.

¡tienes la palabra!

Para ayudarte:

CONOCER	PASAR
conoceré	pasaré
conocerás	pasarás
conocerá	pasará

¡OJO!
HACER — haré
TENER — tendré

1. En parejas. Ya conoces a tus compañeros. Intenta decir algo sobre su futuro:

(A Pedro le gusta mucho el deporte)
Usa estas frases:

Ej.: *Pedro será un gran deportista.*

Tocar la lotería
Hacer un viaje
Casarse
Conocer a una persona interesante

Tener hijos
Tener éxito
Ser rico
Ser un gran pintor/inventor/atleta.

2. Cuéntale a tu compañero/a qué pasará en los próximos 50 años.
Puedes hablar de las ciudades, las casas, los transportes, la forma de vivir, etc.

B.

En el aeropuerto, recogiendo el equipaje

-- ¿Son esas tus maletas, María?
-- No, las mías son más grandes.
-- Y las de Luis, ¿dónde están?
-- No sé. ¡Ah, mira!, creo que son aquellas.
-- Sí, sí. Las suyas son más pequeñas que
   las mías y tienen una etiqueta.
-- Juan, ¿has visto las tuyas?
-- Sí, ya las tengo.
-- ¡Qué suerte!

¡tienes la palabra!

Para ayudarte:

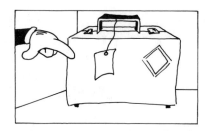 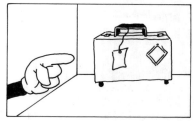 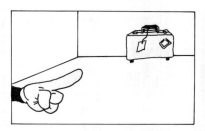

este	ese	aquel
esta	esa	aquella
estos	esos	aquellos
estas	esas	aquellas

más	interesante	que
	pequeño	
	difícil	
	guapo	
	alto	
mayor que...		

¡Recuerda!
delgado/gordo
bajo/alto
joven/mayor

En parejas. Mirad a los personajes y comparadlos. REYES FEDERICO JULIA ANTONIO

Reyes es más delgada que Federico.
Federico es mayor que Antonio.

	Antonio	Julia	Federico	Reyes
edad	19	53	72	29
altura	1,90	1,58	1,64	1,70
peso	70	75	68	57

C. *Cajón de sastre: suena el teléfono y...*

1.
- **A:** ¿Diga?
- **B:** ¿Está Juan?
- **A:** Sí, un momento. ¿De parte de quién?
- **B:** De Antonio.
- **A:** Ahora se pone.

2.
- **Secretaria:** Oficina de Exportación Proca, dígame.
- **Sr. Pérez:** Por favor, ¿el Sr. Director?
- **Secretaria:** Un momento, por favor, no sé si ha llegado...

  .....

  ¿Oiga? No está, ¿quién le llama?
- **Sr. Pérez:** Soy el Sr. Pérez, ¿no sabe cuándo vendrá?
- **Secretaria:** No, no lo sé. ¿Quiere dejar algún recado?
- **Sr. Pérez:** No, gracias, llamaré más tarde.

3.
- **A.** ¿Diga?
- **B.** ¿Está Marisa?
- **A.** No, no. Se ha equivocado.
- **B.** ¿No es el número 250 93 29?
- **A.** No, este es el 250 93 28
- **B.** Perdone.

¡tienes la palabra!

Para ayudarte:

no sé si	{ está ha llegado	
no sé	{ cuándo a qué hora	} llegará

1. En parejas. A: Eres Juan. Haces varias llamadas.
B: Eres la persona que responde.

A

1. llamas a Sonia ....

2. llamas a Jorge ....

3. llamas a Arturo ....

B

Eres el padre/la madre de Sonia. Ella no está. No sabes cuándo vendrá.

Eres el hermano/la hermana de Jorge. Él está en casa.

No conoces a ningún Arturo.
Dile que se ha equivocado.

2. Piensa que tienes que llamar a una agencia de viajes para preguntar:
- el horario de salida y llegada de los trenes para Ávila.
- si quedan billetes o no.
- el precio del billete, etc...
¿qué preguntas tienes que hacer?

¿Cómo…?

• **HACER PREDICCIONES**	Pedro será un gran pintor
• **EXPRESAR DECEPCIÓN**	¡Vaya! ¡Vaya por Dios!
• **HABLAR POR TELÉFONO**	A. ¿Diga? B. ¿Está Juan? A. ¿De parte de quién?
• **HACER COMPARACIONES**	Valencia es más ruidosa que Soria
• **PEDIR UNA INFORMACIÓN**	¿Ha llegado el tren? ¿Sabe si ha llegado el tren? ¿A qué hora ha llegado el tren? ¿Sabe a qué hora ha llegado el tren?

Gramática

• **Pronombres posesivos**

MÍO/A	MÍOS/AS
TUYO/A	TUYOS/AS
SUYO/A	SUYOS/AS

mi maleta .... la mía
mis maletas .... las mías
tu billete .... el tuyo
tus billetes .... los tuyos
Mis maletas son más grandes que las suyas.

• **Demostrativos**

cerca	lejos	
	– lejos	+ lejos
ESTE	ESE	AQUEL
ESTA	ESA	AQUELLA
ESTOS	ESOS	AQUELLOS
ESTAS	ESAS	AQUELLAS

- **La Comparación**

  más
  menos $\Big\{$ + adjetivo + que...

  ¡OJO! **mayor** que...

- **Futuro Imperfecto**

  infinitivo +
  -é
  -ás
  -á
  -emos
  -éis
  -án

- **Futuros Irregulares**

HACER	TENER	PODER	VENIR	PONER
haré	tendré	podré	vendré	pondré
harás	téndrás	podrás	vendrás	pondrás
hará	tendrá	podrá	vendrá	pondrá
haremos	tendremos	podremos	vendremos	pondremos
haréis	tendréis	podréis	vendréis	pondréis
harán	tendrán	podrán	vendrán	pondrán

LÉXICO

 amplía tu vocabulario

coger el teléfono
ponerse al teléfono
colgar el teléfono
comunicar
dejar un recado

una conferencia
tener suerte = tener buena suerte
tener mala suerte
el porvenir
el futuro

El ''GORDO'' es el primer premio de la Lotería de Navidad

 ¡OJO! Léxico de Hispanoamérica

ponerse al teléfono = atender
una conferencia = una llamada a larga distancia
el teléfono comunica = el teléfono está ocupado
el paro = la desocupación

1. Escucha este cuento tradicional español.

Ahora enumera por orden los proyectos de la lechera:
A) *La lechera venderá la leche*   E)
B)   F)
C)   G)
D)   H)

¿Hay alguna historia parecida en tu país?

2. El Sr. Fernández llama por teléfono al Dr. Campos a su trabajo del Hospital Clínico. El Dr. Campos no está y por eso habla con la telefonista. Escribe un diálogo con estos datos.

3. Compara plazas o calles de tu ciudad.
La Plaza de Cataluña es más grande que la Plaza del Rey.

Plaza de Cataluña.   Plaza del Rey.

BARCELONA

Utiliza estos adjetivos:
    tranquilo/ruidoso
    antiguo/moderno
    cómodo/incómodo
    sucio/limpio
    largo/corto
    ancho/estrecho

4. En parejas.
A y B compiten hablando de las cosas que tienen, como en el ejemplo:

casa/cómoda► A. *Mi casa es muy cómoda* B. *La mía es más cómoda que la tuya*
             A. trabajo/interesante   B.
             A. moto/moderna   B.
             A. padres/jóvenes   B.
             A. coche/rápido   B.
             A. amigo/guapo   B.

ctividades.

a

5. ■ **Y hablemos del futuro.**

¿Qué harás si te tocan 100 millones?		
	Hombres	Mujeres
Dejaré de trabajar	16,6	6,5
Cambiaré de casa	6,6	12,5
Dejaré todo seis meses	6,2	4,2
Montaré un negocio	19,3	13,5
Repartiré la mitad	35,1	50,2
Disimularé	8,7	5,9
NS/NC	9,1	8,6

¿Crees que teniendo más dinero serás más feliz que ahora?		
	Hombres	Mujeres
Sí	36,5	26,8
No	56,4	67,9
NS/NC	7,1	5,3

¿Qué escoges entre aplauso, poder y dinero?		
	Hombres	Mujeres
Aplauso	28,4	27,6
Poder	13,7	13,3
Dinero	39,2	36,9
NS/NC	18,7	22,4

¿Qué prefieres como profesión de tu pareja? (Hombres)	
Médica/Abogada	26,8
Política	1,7
Directivo de Empresa	6,4
Astronauta	2,3
Prof. no relevante	5,0
Ama de casa	32,2
Actriz/Escritora	3,9
Presidente del Gobierno	1,2
Otra	10,4
NS/NC	10,2

(Mujeres)	
Médico/Abogado	38,2
Astronauta	0,8
Político	0,6
Director de Empresa	10,8
Banquero	5,5
Deportista	4,8
Presidente del Gobierno	1,5
Escritor/Actor	8,0
Otra	16,0
NS/NC	13,9

-- Según estos datos, ¿puedes señalar las diferencias de carácter entre hombres y mujeres?
-- ¿Por qué no hacéis una encuesta parecida en vuestra clase? ¡Habrá muchas sorpresas!

Según la Vanguardia 3-10-89 Barcelona

a ctividades.

ronunciación...

p

— ¿Me dice su nombre, por favor?
— Luis Jiménez.
— ¿Con **GE** o con **JOTA**?
— Con **JOTA**.

Una jarra sin buen vino,
un geranio sin color,
una gitana sin flores,
una jota sin cantor,
un juguete sin un niño,
no son nada...¡no señor!

DESCUBRIENDO

escubriendo...

d

Adiós a mi Huaycho
Adiós, pueblo de mi Huaycho,
Pueblo donde yo he nacido.
Adiós, casita querida.
Ya me voy, ya me estoy yendo.
¡Ay, mi palomita!
Ya me voy, ya me estoy yendo.

Hasta mi zampoña llora,
Siento un caño vacío,
Cómo no he de llorar yo,
Si me quitan lo que es mío.
!Ay, mi palomita!
Ya me voy, ya me estoy yendo.

(canción popular boliviana)

Una ''zampoña'' es una flauta típica del país.   Potosí (Bolivia)

¿Qué sentimientos expresa esta canción?
¿Con qué expresiones se manifiestan estos sentimientos?

Otros países hispanoamericanos y sus capitales

PAÍS	SUPERFICIE	POBLACIÓN	MONEDA
Argentina	2.766.889	30.977.000	austral
Bolivia	1.098.581	6.557.000	boliviano
Chile	756.945	12.253.000	peso
Ecuador	283.561	9.648.000	sucre
Paraguay	406.752	3.804.000	guaraní
Perú	1.285.216	19.031.000	inti
Uruguay	176.215	3.035.000	peso

TEST 4

Repaso unidades 10, 11 y 12

1. Pon los verbos en la forma adecuada.

Ejemplo: (PERDER) el avión. (LLEGAR) mañana. **"Hemos perdido... llegaremos..."**

a. Este verano (ESTAR) en Marruecos. (IR) con unos amigos. Me lo pasé muy bien
b. Lo siento. El señor González no está, (SALIR). (VOLVER) dentro de una hora.
c. ¡Hola, Juan! ¿Por qué (LLEGAR) tarde? ¿No (OÍR) el despertador?
d. ¿Qué (HACER) este fin de semana? (vosotros)
    El sábado (ESTAR) en el zoológico con los niños. Nos lo pasamos muy bien.
e. (ESCRIBIR) ya las postales?
    Todavía no. Las (ESCRIBIR) esta tarde.

2. Completa con ALGO/ALGUIEN(A)/ALGÚN(A)/NADA/ NADIE/NINGÚN(A)

a. No tengo... disco de flamenco.
b. ¿... ha visto mis gafas?
c. ¿Quieren Vds. tomar... de aperitivo?
d. No tenemos... para comer. La nevera está vacía.
e. ¿Tiene Vd.... revista de motos?
  No, de motos no tengo..., lo siento.

3. AL TELÉFONO. Relaciona, como en el ejemplo:

a. ¡Diga!	Gracias.
b. ¿Es el 4192208?	Hola, ¿está Manolo?
c. Ahora se pone	No lo sé.
d. **¿Está Jaume?**	No. Se ha equivocado de número.
e. ¿Cuándo volverá?	**No. Ha salido.**

4. Completa con SER/ESTAR en la forma adecuada

a. Mi hermano_____muy alto.

b. _____preocupado. Mi hijo no ha vuelto y ya_____muy tarde.

c. La botella_____vacía.

d. Esta camisa_____bonita pero_____sucia.

5. Usa palabras de las tres columnas para formar 5 frases.

Ejemplo: ¿**TE HAS CORTADO** con un **CUCHILLO**?

ME TE LE JUAN	ROMPER DOLER CAERSE CORTARSE TENER	FIEBRE ESTOMAGO BICICLETA CUCHILLO BRAZO

6. Mira el dibujo y di quién viene de cada lugar.

Usa los demostrativos adecuados y las palabras "señor(a), chico/a, niño/a"

Ejemplo: **"Aquellos niños vienen de la playa" (d)**

a. _____de la agencia de viajes.

b. _____de la piscina.

c. _____de una tienda de ropa.

d. _____ de la playa.

e. _____ de una reunión de negocios.

f. _____del parque.

7. Completa con los posesivos adecuados

Ejemplo: ... Vuestro perro se ha comido mis flores. Tenéis que pagarme los gastos.

a. A. ¡Qué reloj más bonito llevas! ¿Es_____?

   B. No, no es_____ Es de _____padre pero lo llevo siempre yo.

b. A. Esta es una foto de Eva y_____ novio en la playa.

   B. ¿La tabla de windsurf es_____?

   A. No, es_____ La compré antes del verano.

c. A. ¡Oiga, señor! ¿Estas maletas son_____?

   B. Sí, son_____ ¿Por qué lo pregunta?

d. Todos los hermanos queremos mucho a_____padres.

UNIDAD 13

Philos. et Historia Naturalis

Philo-sophia Vetus.

Biblioteca Universidad de Salamanca
Fotógrafo Brotons.

UNIDAD 13

Título	ANTES ...Y AHORA
Objetivos Comunicativos	• Hablar de acciones habituales en el pasado • Describir en pasado • Expresar alegría, sorpresa, alivio, fastidio/aburrimiento, tristeza/compasión
Objetivos Gramaticales	• Forma negativa (III) (nunca) • Diferentes construcciones del verbo QUEDAR • El Pretérito imperfecto • Pretérito Imperfecto de jugar, tener y decir • Pretérito Imperfecto irregular: ir, ser
Objetivos Culturales	• Acercándonos a México, D.F.
Léxico	• Accidentes geográficos
Pronunciación	• /b/ /v/

bjetivos.

A. *Cuando yo era pequeño*

Cuando era pequeño vivía en un pueblo del norte.
Era un pueblo muy bonito, rodeado de montañas,
cerca pasaba un río.

Era una vida muy tranquila. En invierno iba todos los
días a la escuela. Los domingos quedaba con unos
amigos para ir a dar un paseo. En verano, nos bañá-
bamos y pescábamos en el río; por la tarde había
baile en la plaza del pueblo.

Ahora queda poca gente, los jóvenes se han marcha-
do a la ciudad a trabajar. En verano, algunos vuelven
para disfrutar de la tranquilidad del campo y del
paisaje.

¡tienes la palabra!

Para ayudarte:

PASAR	COMER	VIVIR
pas**aba**	com**ía**	viv**ía**
pas**abas**	com**ías**	viv**ías**
pas**aba**	com**ía**	viv**ía**
pas**ábamos**	com**íamos**	viv**íamos**
pas**abais**	com**íais**	viv**íais**
pas**aban**	com**ían**	viv**ían**

Ahora, **queda** poca gente
quedan pocos jóvenes

1. En parejas. Compara con tu compañero:
A. *(Cuando era pequeño) jugaba en la calle, ¿y tú?*
B. *Yo, en casa*
   Utiliza: En vacaciones/ir a la playa
            Los domingos/ir a la montaña
            comer con los abuelos/ir a la iglesia/salir con los amigos/...
            visitar las ferias/exposiciones/lavar el coche...

2. Compara cómo era antes tu ciudad y cómo es ahora.
   Ejemplo: *Antes había pocos coches, ahora hay muchos.*

Habla de la contaminación,
el precio de los transportes,
del cine, las libertades, la
moda...

B. *En la consulta del médico*

médico: Vamos a ver, ¿fuma usted mucho?

paciente: No, una cajetilla al día.

médico: Es bastante, tiene que fumar menos, ¿eh? ¿Hace ejercicio?, ¿anda usted?

paciente: Bueno, la verdad, no, nunca. Siempre voy en coche.

médico: Sigamos, ¿duerme usted bien?

paciente: Regular. Salgo mucho de noche y no duermo demasiado.

médico: Pues tiene que hacer ejercicio todos los días: pasear o hacer media hora de gimnasia en casa.

paciente: ¡Uf! es que nunca tengo tiempo. Trabajo doce horas al día.

médico: Y la alimentación, ¿qué tal? ¿Come verduras a menudo?

paciente: A menudo no, a veces.

¡tienes la palabra!

Para ayudarte:

siempre todos los días	a menudo mucho	a veces	nunca

muchas veces = mucho
algunas veces
pocas veces
una vez { al día
a la semana

1. Relaciona:

1. ¿Come dulces a menudo?

2. ¿Sale mucho a cenar fuera?

3. ¿Le han operado alguna vez?

4. ¿Come en casa todos los días?

5. ¿Hace deporte?

6. ¿Come pan en las comidas?

A. Sí, dos veces. Una vez de apendicitis y otra vez de anginas.

B. Bueno, nado a veces.

C. Sí, muchas veces. Sobre todo, los sábados.

D. Sí, en todas las comidas, pero pan integral.

E. No, nunca. No quiero engordar.

F. Sí, siempre. Vivo cerca de la oficina.

2. En parejas.

A dice cosas que hace una vez al día, tres veces a la semana, a menudo, nunca, etc.

A. **No** voy **nunca** a la discoteca

B contesta diciendo cuántas veces hace él las mismas cosas.

B. *Yo voy algunas veces.*

C. *Cajón de sastre: reacciones*

— Se ha muerto mi
perro.
— ¡Qué pena!

— He perdido 50.000 ptas.
en el casino.
— ¡Qué mala suerte!

— Juan está escalando
en el Everest.
— ¡No me digas!

— Tengo que estudiar
este verano.
— ¡Qué rollo!

— Me ha tocado un viaje
en un concurso.
— ¡Qué suerte!

— ¡He perdido la cartera!
— No, está aquí.
— ¡Menos mal!

¡tienes la palabra!

1.

¡Reacciona! Utiliza una expresión (ver C) para contestar estas frases.

— María ha tenido trillizos.
— Me han robado el cassette del coche.
— He perdido el tren.
— A Julián le ha tocado una quiniela.
— ¡Otra vez sopa para cenar!
— El domingo próximo viene mi novio.

2.

En grupo: A dice algo (como en los ejemplos anteriores) y los compañeros reaccionan.

A: Me he roto una pierna   *...¡Qué mala suerte!*

CONTENIDO COMUNICATIVO

¿**C**ómo…?

• **HABLAR DE ACCIONES HABITUALES EN EL PASADO**	Iba todos los días a la escuela.
• **DESCRIBIR EN PASADO**	Mi ciudad era muy bonita.
• **EXPRESAR:**	
ALEGRÍA	¡Qué bien! ¡Qué suerte!
SORPRESA	¡No me digas!
ALIVIO	¡Menos mal!
FASTIDIO/ABURRIMIENTO	¡Qué rollo!
TRISTEZA/COMPASIÓN	¡Qué pena! ¡Qué mala suerte!
• **EXPRESAR LA FRECUENCIA**	A veces voy al parque.

CONTENIDO LINGÜÍSTICO

Gramática

• **Forma negativa con *Nunca*:** nunca + verbo afirmativo
: no + verbo + nunca

Nunca tengo tiempo
No tengo tiempo **nunca**

• **Verbo QUEDAR:**

1 Queda solamente **un ejercicio**
Quedan **dos lecciones** para acabar el libro

Recuerda:

2 Esta falda me queda bien
Estos pantalones te quedan bien

3 ¿quedamos el sábado?

- **Pretérito Imperfecto**

-AR	-ER -IR
-aba	-ía
-abas	-ías
-aba	-ía
-ábamos	-íamos
-abais	-íais
-aban	-ían

JUGAR	TENER	DECIR
jugaba	tenía	decía
jugabas	tenías	decías
jugaba	tenía	decía
jugábamos	teníamos	decíamos
jugabais	teníais	decíais
jugaban	tenían	decían

- **Pretéritos Imperfectos irregulares**

IR	SER
iba	era
ibas	eras
iba	era
íbamos	éramos
ibais	erais
iban	eran

LÉXICO

amplía tu vocabulario

el río	quedar
el mar	a menudo
la montaña	a veces
la sierra	alguna vez
el lago	otra vez
el campo	pocas veces
el paisaje	siempre
la isla	casi siempre
el bosque	jamás

¡OJO! Léxico de Hispanoamérica

vivienda en el campo = rancho

espacio llano y vacío = playa

coche = carro

carné de conducir = pase

¡vale! = ¡conforme!

ienes que saber...

t

Encuesta

1. Estamos realizando una encuesta para conocer mejor los hábitos de los ciudadanos. Por favor, conteste a las siguientes preguntas. No escriba su nombre en la hoja.

1) ¿Con qué frecuencia come fuera de casa (bares, restaurantes, etc)?

2) ¿Con qué frecuencia compra libros de lectura (novela, poesía, etc)?

3) ¿Con qué frecuencia compra revistas?

4) ¿Con qué frecuencia va al médico?

5 ¿Con qué frecuencia compra discos, cassettes (música pop, clásica, etc)?

6) ¿Con qué frecuencia hace deporte?

7) ¿Con qué frecuencia compra ropa (abrigos, pantalones, etc)?

8) ¿Con qué frecuencia viaja al extranjero?

9) ¿Con qué frecuencia visita a sus familiares (tíos, primos, etc.)?

10) ¿Con qué frecuencia ve la televisión?

	¿Con qué frecuencia?									
	1	2	3	4	5	6	7	8	9	10
siempre/todos los días										
a menudo										
a veces										
una vez al mes										
casi nunca										
nunca										

2. Lee el texto y contesta.

Milagros Redondo nos habla sobre sí misma:

"Hace unos años trabajaba muchísimo. Me pasaba diez horas en la oficina. Como no tenía tiempo para comer me tomaba un sandwich y tres o cuatro cafés al día. A veces iba a un bar a tomar una cerveza y una
hamburguesa. Estaba siempre fumando y no hacía ningún ejercicio. Me
sentía cansada y mal, hasta que un día tuve un infarto y cambié de vida.

Ahora trabajo menos. Como carne, fruta y verdura todos los días. Nunca
tomo alcohol y voy al gimnasio los lunes, miércoles y viernes. Mi vida ha
cambiado y me encuentro estupendamente".

1) ¿Cuántas horas pasaba Milagros
en la oficina?
2) ¿Qué comía antes?
3) ¿Cómo se sentía?
4) ¿Qué le pasó?

5) ¿Qué come ahora?
6) ¿Hace ejercicio? ¿Cuántas veces
a la semana?
7) ¿Cómo se siente?

3. Mira esta escena de la Edad Media. Hay varios errores. Descríbe-
los como en el ejemplo: *En la Edad Media la gente NO USABA paraguas*.

a
ctividades.

Escucha las siguientes palabras y observa que en español no hay diferencia en la pronunciación de b y v:

bonito	pueblo
vamos	avión
escribe	barato
vivo	hombre
vaso	vacaciones

Ahora escucha y trata de completar con b o v

-io	-aile
-iuda	-ino
pue-lo	-erano
-ueno	-e-er
jo-en	-acaciones
a-uelo	-i-ir

DESCUBRIENDO

La ciudad de México

Al parecer, la Ciudad de México fue fundada por los aztecas hacia el año 1176, con el nombre de Tenochtitlán, sobre una isla del lago Texcoco, convirtiéndose en la capital del imperio azteca. De 1517 a 1521 fue asediada y destruida por los españoles al mando de Hernán Cortés. Los conquistadores fueron desecando el lago gradualmente y construyendo una nueva ciudad, que sería capital del virreinato de Nueva España. Al separarse México de la corona española y constituirse en República, en 1824, la Ciudad de México es elegida para ser la capital del Estado.

Su condición de capital desde tiempos inmemoriales ha hecho de México el lugar de residencia de millones de mexicanos que han emigrado en busca de trabajo, educación o, simplemente, mejores oportunidades, hasta convertirla en una enorme urbe de más de 20 millones de habitantes, la mayor zona urbana de habla hispana, en un país de 80 millones de habitantes, también el país hispanohablante más habitado. La acumulación de industrias de todo tipo (textil, de papel, vidrio, orfebrería, metal, tabaco, siderurgia, etc.) y el denso tráfico de vehículos por sus calles (a pesar de contar con un moderno metro subterráneo) han contribuido a contaminar el aire hasta tal punto que los colegios dan vacaciones especiales en febrero, mes en el que la contaminación es más acusada.

Por otro lado, en México se encuentran monumentos y museos de gran interés para el estudio de las civilizaciones prehispánicas.

Miles de mexicanos, parejas de novios y familias enteras, van los domingos a Xochimilco a pasar el día. Situada a 24 km. del centro de México DF, esta red de canales, bordeada por jardines llenos de flores, da cabida a innumerables barcas o

"trajineras", decoradas con colores llamativos. Antiguamente estas barcas iban adornadas con flores naturales. A la vez que uno pasea por los canales, abarrotados de trajineras, puede alquilar una banda de mariachis para que amenicen el paseo, comprar plantas, comer unos tacos o unas mazorcas de maíz caliente. Todo ocurre sobre el agua en Xochimilco.

Parque de Chapultepec

Otro lugar preferido por los mexicanos para pasear, descansar y divertirse es el parque de Chapultepec. Innumerables niños pasean al lado de sus padres, con globos en una mano y alguna golosina en la otra. Se paran delante de cada vendedor ambulante con ojos grandes, mirando con avidez los puestos de frutas, de juguetes y recuerdos. Sombreros, máscaras, marionetas, cualquier chuchería es capaz de hacer feliz a un niño.

Para los más interesados en la cultura también hay atractivos en Chapultepec. El Museo Nacional de Antropología recoge las piezas más impresionantes del arte precolombino. Mayas, toltecas, mixtecas, aztecas y un largo etcétera de civilizaciones se reúnen en este incomparable museo, el más importante del mundo en su género.

escubriendo

d

UNIDAD 14

Metro Opera Madrid
Fotografía: Comunidad Autónoma de Madrid

UNIDAD 14

Título

Objetivos Comunicativos

Objetivos Gramaticales

Objetivos Culturales

Pronunciación

Léxico

INSTRUCCIONES

- Expresar la obligación en forma impersonal
- Expresar la obligación en forma personal
- Expresar posibilidad
- Expresar prohibición
- Negar (con énfasis)
- Expresar que no se da importancia a algo
- Expresar la ausencia de obligación

- Pronombres personales (Objeto Indirecto)
- Las oraciones condicionales
- Hay que + Infinitivo
- Utilización de "se"
- Comparaciones (II)

- La lengua española en el mundo

- La "r" y la "rr"

- Deportes e instalaciones deportivas

A. *Quiero matricularme*

Mary: Buenos días, quiero matricularme.
Secretaria: ¿En qué idioma?
Mary: En español.
Secretaria: Toma un sobre. Tienes que rellenarlo con tus datos, luego tienes que pagar en el banco y volver aquí.
Mary: ¿Se puede pagar aquí, en la Secretaría?
Secretaria: No, no se puede.

...

Andrea: Yo también quiero matricularme en español.
Secretaria: Pero tú hablas muy bien. ¿De qué nacionalidad eres?
Andrea: Soy española. Es que mis padres han vivido mucho tiempo en el extranjero y no sé escribir bien en español.
Secretaria: Lo siento. Para matricularse en español hay que ser extranjero.
Andrea: ¡Vaya!, ¡qué pena!

¡tienes la palabra!

Para ayudarte:

Para matricularse HAY QUE ser extranjero
No SE PUEDE pagar aquí
Tú TIENES QUE pagar en el banco

1.

a) Da sugerencias para estas situaciones:
— Un amigo quiere visitar tu ciudad/región:
  Ejemplo:
    Tienes que ver...
    Tienes que bañarte en...
— Un amigo quiere aprender un idioma extranjero.
— Un amigo quiere viajar a Nepal.

b) ¿Qué hay que hacer en estas situaciones?
— Para estar sano...
  Ejemplo:
  Hay que practicar algún deporte
— Para divertirse...
— Para hacerse rico...
— Para tener más amigos...

2.

En grupos de 3 ó 4: un alumno piensa en uno de los siguientes lugares y dice qué se puede y qué no se puede hacer en él. Los compañeros deben adivinar de qué lugar se trata:

— el hospital — la biblioteca — el cine
— el museo — la playa

Miguel y Charo salen a cenar

1.

Miguel:	¿Salimos esta noche?
Charo:	Depende. No quiero volver tarde. Mañana tengo que levantarme temprano.
Miguel:	De acuerdo, volveremos pronto. Vamos a cenar al "Asador Vasco", ¿vale?
Charo:	Si vamos al "Asador Vasco", llama por teléfono para reservar mesa.
Miguel:	¡Bah!,¡da igual!,no hace falta. Hoy es lunes y no hay mucha gente.

2.

Ch.:	¿Vas a aparcar aquí?
Mi.:	Pues sí, ¿por qué no?
Ch.:	Está prohibido. Si aparcas aquí te ponen una multa.
Mi.:	¡Qué va!, aquí aparca todo el mundo.

3.

Ch.:	¿No te llevas el radiocasete?
Mi.:	No, ¿por qué?
Ch.:	Si dejas el radiocasete en el coche te lo robarán.
Mi.:	Yo siempre lo dejo y nunca me lo han robado.

¡tienes la palabra!

Para ayudarte:

> Si vamos al restaurante, LLAMA por teléfono
> Si aparcas te PONEN una multa
> Si dejas el radiocasete te lo ROBARÁN

1. En parejas.

A lee en voz alta una frase de la columna de la izquierda.
B la completa, leyendo la frase más apropiada de la columna de la derecha.

Si aparcas aquí	te hago un bocadillo
Si te duele la cabeza	te ponen una multa
Si no tienes dinero	nos metemos en una cafetería
Si llama Juan	vete a casa
Si empieza a llover	puedo prestarte 5.000 pesetas
Si no viene pronto el autobús	dile que no estoy en casa
Si tienes hambre	cogeremos un taxi

2. ■ Por separado.

A y B piensan en cosas que quieren pedir el uno al otro. Luego completan este diálogo.

A

¿Puedes ayudarme a .... ?

Te presto mi ....si me dejas (usar) tu ....

Te invito a ....si vienes conmigo a ....

.... si ....

B

Te ayudaré a ....si me prestas tu ....

Te dejo (usar) mi ....si me invitas a ....

Iré contigo a ....si ....

Bueno/de acuerdo/vale

3. ■ En parejas.

A hace una pregunta tomando una palabra de cada caja.
B responde utilizando me/te/le/se/lo(s)/la(s)

Ejemplo: A: ¿Le has dado la foto?   B: Sí, se la he dado
            A: ¿Me das los libros?   B: Sí, te los doy

	A				B		
¿	me te le	DAR	el libro la foto los libros las fotos	?	Sí, No,	te me se	lo la los las	DAR

C. *Cajón de sastre: ¡Contamos contigo!*

— Me voy a jugar al tenis.
— ¿Tienes que reservar pista?
— No, no hace falta. Siempre hay alguna libre.

— ¿Vas a hacer windsurf hoy?
— Sí. Hace mucho viento.

— ¿Sabes esquiar?
— No, es la primera vez. Tengo mucho miedo.

— ¡Chica, estás en forma!
— Bueno, es que hago gimnasia todos los días.

 Coral Bistuer Ruiz es deportista. Es una de las figuras más importantes del Tae-Kwondo en el mundo. Nació en Madrid, en el barrio de Chamberí, en 1964. Mide 1,76 y pesa 65 kilos. Ha ganado muchos trofeos y medallas en competiciones nacionales e internacionales.

 ¡tienes la palabra!

1. Haz frases según el ejemplo:

Para jugar al fútbol necesitas botas y balón.
Para ....
esquiar, jugar al tenis, hacer footing, hacer windsurf, hacer Tae-kwondo, jugar al fútbol.

CONTENIDO COMUNICATIVO

¿**C**ómo…?

• **EXPRESAR OBLIGACIÓN EN FORMA IMPERSONAL**	**Hay que** mirar antes de cruzar
• **EXPRESAR OBLIGACIÓN EN FORMA PERSONAL**	**Tienes que** llevarme al cine
• **EXPRESAR POSIBILIDAD/PROHIBICIÓN**	**Se puede** decir **No se puede** decir
• **NEGAR (con énfasis)**	¡Qué va!
• **EXPRESAR QUE NO DAMOS IMPORTANCIA A ALGO**	¡Bah! ¡da igual!
• **AUSENCIA DE OBLIGACIÓN, DE NECESIDAD**	No hace falta

CONTENIDO LINGÜÍSTICO

Gramática

• **Pronombres personales:** Complemento Indirecto + Directo

— ¿Me das el número de teléfono? — Enhorabuena, te han dado la beca
— Sí, **te lo** doy — ¡Ah! ¿**me la** han dado?

— ¿Le has prestado las revistas a Juan?
— Sí, **se las** he prestado

```
me
te
le (se + lo/la/los/las)
```

SE + puede + verbo en infinitivo
> Utilizamos SE para indicar que no hay sujeto personal.
> SE = tú, yo, la gente ....¿Se puede hacer?

- **HAY QUE** + **verbo en Infinitivo**

  Es una forma invariable que significa "es necesario".

Formas diferentes de expresar la condición.

si + Presente de Indicativo, verbo en Presente ....

Si tienes tiempo, **vamos** esta tarde al cine

si + Presente de Indicativo, verbo en Futuro ....

Si tienes tiempo, **iremos** esta tarde al cine

si + Presente de Indicativo, verbo en Imperativo ....

Si tienes tiempo, **ven** al cine conmigo

Comparaciones: (II)

bueno (+) $\longrightarrow$ mejor (+ +)

malo (—) $\longrightarrow$ peor (— —)

Esta moto es **peor** que aquella.

Juan canta **mejor** que yo.

LÉXICO

amplía tu vocabulario

Hacer	**Jugar al**	el polideportivo	esquiar
deporte	tenis	el estadio	nadar
ejercicio	fútbol	la cancha	montar a caballo
gimnasia (rítmica)	baloncesto	los "hinchas"	
footing	golf	el descanso	
windsurf	balonmano		
Tae-kwondo			
vela			
esquí (acuático)			
judo			
atletismo			

¡OJO! Léxico de Hispanoamérica

conducir (un coche) = manejar

matricularse = anotarse

el radiocassette = el radiograbador

los hinchas = la fanaticada

el descanso (partido) = la tregua

el partido (deporte) = el certamen

tienes que saber...

1. Lee y contesta las preguntas

Julia: ¿Qué vas a hacer este verano, Luis?

Luis: Voy a comprarme un barco de vela. Quiero cruzar el Atlántico yo solo.

Julia: Pero, ¿tú sabes navegar?

Luis: Sí, un poco. He leído un libro sobre navegación.

Julia: Pero eso no es suficiente. Si quieres aprender tienes que practicar mucho. Además, los barcos son muy caros. Hay que tener mucho dinero y tú no lo tienes.

Luis: Ah, pero lo tendré, porque voy a trabajar de fotógrafo.

Julia: ¿Para un periódico?

Luis: No lo sé todavía. Voy a hacer muchas fotos y luego se las vendo a algún periódico o alguna revista si les gustan.

Julia: ¡Pues tendrás que hacer muchas fotos para comprarte un barco, amigo!

Luis: Uy, las haré. Además voy a vender mi coche.

Julia: ¿Lo vas a vender? ¿Y a quién se lo vas a vender? Se cae de viejo. Si quieres venderlo tienes que repararlo.

Luis: Bueno, no está muy bien, pero puedo repararlo yo. Entiendo un poco de mecánica y si lo arreglo yo es más barato.

Julia: ¿Vas a arreglarlo tú? ¡Estás loco!, Luis.

1) ¿Qué hay que hacer para aprender a navegar?
2) ¿Luis sabe navegar?
3) ¿Qué va a hacer Luis para conseguir dinero?
4) ¿Será fácil conseguirlo?
5) ¿Qué tiene que hacer Luis para vender su coche?
6) ¿Qué opina Julia de Luis?
7) Busca en el texto los **pronombres** LO, LA, LOS, LAS, SE. ¿A qué palabras se refieren?

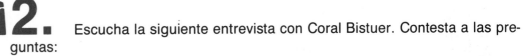

2. Escucha la siguiente entrevista con Coral Bistuer. Contesta a las preguntas:

1) ¿En qué años ganó Coral los dos campeonatos del mundo de Tae-kwondo?
2) ¿Qué países son los mejores en Tae-kwondo?
3) ¿A qué edad empezó Coral a practicar este deporte?
4) Antes de algún campeonato importante, ¿qué come?, ¿cuántas horas entrena?
5) ¿Cómo eran sus fines de semana cuando era un poco más joven?
6) ¿Qué hace aparte de dedicarse al Tae-kwondo?

3. En parejas. A hace una entrevista a B que es un deportista famoso.

Ej.: *Esta tarde tenemos aquí con nosotros a* ....

ronunciación.

p

Director, compañero, camarero, trabajo, padre, pronto, barrio, marrón, restaurante, rubio.

Ahora escucha y completa con ''r'' o ''rr''.

g-acias	cuat-o
p-ofeso-	seño-a
núme-o	ce-ado
co-e-	-ojo
-epeti-	pe-o
pe-o	ho-a

escubriendo...

D

DESCUBRIENDO

... y hablando en español...,

Me queda la palabra

Si he perdido la voz
si he sufrido la sed
si he segado las sombras
si mis labios abrí
si me los desgarré
si he perdido la vida
si he perdido la voz
si he sufrido la sed
si he segado las sombras
y los labios abrí
me queda la palabra

poema de Blas de Otero adaptado por el grupo Aguaviva

''... No es difícil escribir en español, ese regalo de los dioses del que los españoles no tenemos sino muy vaga noticia...''

(Del discurso de Camilo José Cela en la entrega del Premio Nobel de literatura en 1989).

''Con su lucidez y su indomable energía, Isabel la Católica quiso que el habla de Castilla, ya consolidada, se convirtiese en el idioma de los vastos territorios que soñaba''.

(Ernesto Sábato, escritor argentino. Del discurso pronunciado al recibir el Premio Cervantes, en 1985).

Algunas veces he recordado cuáles han sido, a lo largo de mi vida, mis máximas emociones de hispanohablante, los momentos en que mi sensibilidad, ante el hecho de hablar castellano, ha sido más recia y hondamente conmovida. (...)

Fue hace casi cuatro años, en una playa de Chile, al sur de Concepción.

Unos amigos me habían llevado hasta allí. Entre los Andes y el Pacífico, sólo el rumor de las olas que venían a morir sobre la arena. Todos callamos... y en aquel momento, nunca sabré ni de dónde ni de quién, surgió una voz que decía en nítido castellano: ''¡OYE!''.

''Mi idioma llegaba entonces a mi oído como si fuese, sobre la faz entera del planeta, el único testimonio de la condición humana''.

(Pedro Laín Entralgo
Gozo y preocupación del castellano
El País, 24 de noviembre de 1986)

escubriendo...

d

UNIDAD 15

Juan Carlos I Rey de España
firma del protocolo de adhesión a la C.E.E.

UNIDAD 15

Título

Objetivos Comunicativos

Objetivos Gramaticales

Objetivos Culturales

Pronunciación

Léxico

ACONTECIMIENTOS

- Expresar acciones durativas interrrumpidas por otra acción
- Narrar hechos
- Contar la vida de una persona
- Hacer comparaciones

- Estructuras comparativas
- Pretérito Indefinido de leer, morir y nacer

- Acontecimientos históricos a partir de 1939
- Goya: Fusilamientos de la Moncloa
- Picasso: El Guernica
- Colón y los Reyes Católicos
- Los Reyes de España

- Pronunciación fuerte y relajada de "b/d/g"

- Sucesos y acontecimientos

A. *¿Qué pasó?*

El sábado por la noche en el barrio sevillano de Triana, cuando Juan García y su mujer Teresa Rodríguez estaban viendo la televisión en el salón de su casa, un ladrón entró por una ventana. En aquel momento, había en la televisión un concierto de música rock. La televisión estaba muy alta. De pronto, terminó el concierto, se paró la música y Teresa oyó un ruido, se levantó y fue a su dormitorio; cuando llegó y abrió la puerta, vio al ladrón que estaba saliendo por la ventana. Miró en el cajón de la mesita de noche y vio que no estaba el dinero que guardaba allí. Ayer domingo, la policía detuvo al ladrón cuando intentaba entrar en una casa próxima.

¡tienes la palabra!

Para ayudarte:

Cuando	estaban viendo la tele,...
	estábamos comiendo,...
	estaba leyendo,...
	.....
	iba a casa de María,...
	estaba en casa,...
	era pequeño,...

1. ■ Mira los dibujos y cuenta qué pasó.

Cuando estábamos merendando, llegaron los Martínez

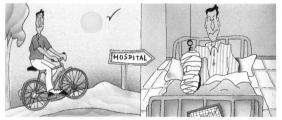

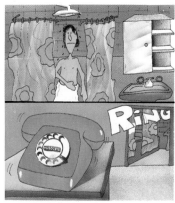

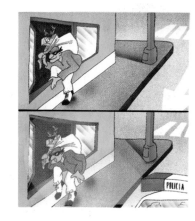

B. ¡De viaje!

Fred y Simone se encuentran. No se han visto desde el año pasado.

F: Bueno, Simone, ¿qué has hecho?, ¿dónde has estado?

S: En México, haciendo un curso de español en la Universidad. También he visitado Mérida y Oaxaca.

F: ¡Qué bien!. Entonces, habrás aprendido mucho, ¿no?

S: Sí, bastante. Ahora hablo español mejor que antes.

F: ¿Y qué tal México DF? ¿te ha gustado?

S: Bueno, es demasiado grande. Hay mucha polución y muchos coches. Mérida me gusta más que México DF. No es tan grande como otras ciudades, pero es muy animada.

F: Pues yo no he viajado tanto como tú. Me he quedado en España. En Navidades me fui a Asturias.

S: ¿Y qué tal por allí?

F: Fatal, llovía tanto como en Inglaterra.

S: ¿Y has practicado mucho?

F: Menos que tú, seguro. He conocido a una chica italiana y he practicado más italiano que español.

¡tienes la palabra!

Para ayudarte:

Mérida me gusta MAS QUE México	+
Llovía TANTO COMO en Inglaterra	=
He practicado MENOS QUE tú	—

1. Lee estas frases sobre ciudades y países de Hispanoamérica. Compara los datos con los de tu país/ciudad, como en el ejemplo:

México DF (Distrito Federal)
tiene 20 millones de habitantes ....*Florencia/Hamburgo/Edimburgo/etc.*
tienen MENOS habitantes QUE México.

— En Guatemala llueve unos 100 días al año.

— Asunción tiene medio millón de habitantes.

— México es el tercer productor de petróleo del mundo con más de 150.000.000 de toneladas al año.

— Chile produce 1,8 millones de toneladas de petróleo al año.

2. En grupos, discutid estas afirmaciones, como en el ejemplo:

Ejemplo: *Las mujeres conducen mejor que los hombres*
A. No estoy de acuerdo porque...
B. Creo que conducen igual...
C. Estoy de acuerdo...

— Los jóvenes se divierten menos que los mayores.
— Los profesores trabajan más que los estudiantes.
— Las mujeres hablan más que los hombres.
— Los ejecutivos trabajan tanto como los obreros.

C. *Cajón de sastre: biografías*

PICASSO
Nació en Málaga en 1881. Estudió Bellas Artes en Barcelona y Madrid. En 1904 se fue a París. Fue un artista excepcional. Creó el movimiento cubista. Su obra más conocida es el ''Guernica''. La pintó en 1938. Murió en Mougins (Francia) en 1973.

EVITA
Nació el 7 de mayo de 1919 en Los Toldos (cerca de Buenos Aires). Fue actriz. En 1945 se casó con Juan Domingo Perón, presidente de Argentina desde 1946 hasta 1953. Evita tuvo mucha influencia en la política. Organizó a las mujeres trabajadoras. Actuó como ministra ''de facto'' de Salud y Bienestar. En 1951, ya enferma de cáncer, el partido peronista la nombró vicepresidenta, pero el ejército la obligó a retirarse.
Murió de cáncer en 1952 en Buenos Aires.

PANCHO VILLA (1876-1923)
Guerrillero mexicano enfrentado con el Presidente de México, vivió en rebeldía hasta 1920. Murió asesinado.

EMILIANO ZAPATA Y PANCHO VILLA
Emiliano Zapata nació en 1879, en una familia de campesinos pobres. Fue un conocido jefe revolucionario. Luchó contra cuatro presidentes mexicanos. Murió asesinado en 1919.

¡tienes la palabra!

Para ayudarte:

REGULARES			IRREGULARES		
	3.ª Pers. Sing.	**3.ª Pers. Plural**		**3.ª Pers. Sing.**	**3.ª Pers. Plural**
ESTUDIAR	estud**ió**	estudi**aron**	HACER	hizo	hicieron
NACER	nac**ió**	naci**eron**	TENER	tuvo	tuvieron
SALIR	sal**ió**	sali**eron**	IR	fue	fueron
LUCHAR	luch**ó**	luch**aron**	SER	fue	fueron
			MORIR	murió	murieron

En grupos. A piensa en un personaje famoso. Los demás preguntan datos de su vida. A responde. Hay que adivinar quién es el personaje.

Ejemplo: ¿Dónde nació?   A: En Ajaccio
              ¿Cómo se llamaba?   A: No puedo decirlo

En parejas. Haced preguntas sobre estos personajes y completad los cuadros. A sólo puede consultar su cuadro y B el suyo.

A

	Parral (Chile)	escritor y diplomático		Pablo Neruda	1904-1973		escribió "Canto General"
1851-1830	Cartagena (España)			Isaac Peral		marino	inventó el submarino
		luchó por la independencia de Latino-américa		Simón Bolívar		Caracas (Venezuela)	militar

B

¿Cuándo nació?   ¿Qué fue?
¿Cuándo murió?   ¿Qué hizo?
¿Dónde nació?

¿Cómo...?

• **EXPRESAR ACCIONES, DURATIVAS INTERRUMPIDAS POR OTRA ACCION**	Cuando estaba viendo la tele, entró un ladrón.
• **NARRAR HECHOS Y CONTAR LA VIDA DE UNA PERSONA**	Picasso nació en Málaga.
• **HACER COMPARACIONES**	Mérida no es tan grande como México D.F.

CONTENIDO LINGÜÍSTICO

Gramática

• Más verbos en Pretérito Indefinido

LEER	MORIR	NACER
leí	(él) murió	nació
leíste	(ellos) murieron	nacieron
leyó		
leímos		
leísteis		
leyeron		

• Estructuras comparativas

1. Con adjetivos

MÁS ....QUE
MENOS ....QUE
TAN ....COMO
Juan es tan alto como Andrés

2. Con verbos

MÁS QUE
MENOS QUE
TANTO COMO
Yo trabajo tanto co-mo tú

LÉXICO

amplía tu vocabulario

el ladrón
el robo-(robar)
el atraco-(atracar)-un atracador
un detenido (detener)
llamar a la policía

un suceso
un acontecimiento
la página de sucesos
(periódico)

1. ■ Lee y contesta a las preguntas:

43 SUPERVIVIENTES DE UN AVIÓN BRASILEÑO TRES DIAS PERDIDOS EN LA SELVA AMAZÓNICA

La noche del pasado domingo, un avión que volaba de Marabá a Belem cayó en la selva amazónica.

Como consecuencia del accidente, murieron 13 personas. Los 43 supervivientes pasaron horas angustiosas porque oían muy cerca los aviones de rescate, pero los pilotos no los encontraban a causa de la vegetación.

El problema principal era el agua. El segundo día, uno de los viajeros descubrió un río que pasaba cerca del avión. El tercer día, cuatro pasajeros fueron a buscar ayuda, caminaron 40 kms. y llegaron a una hacienda. Desde allí avisaron a los aviones de salvamento y, finalmente, los pasajeros del avión fueron rescatados.

1. ¿Qué le pasó a un avión que volaba de Marabá a Belem?
2. ¿Cuáles fueron las consecuencias del accidente?
3. ¿Por qué no los encontraban?
4. ¿Cuál era el principal problema?
5. ¿Qué pasó el segundo día?
6. ¿Y el tercero?

ctividades.

a

2. Eleuterio Sánchez: de bandido a abogado.

1965: condenado a muerte
Eleuterio Sánchez nació en la provincia de Salamanca en 1943, en una familia gitana muy pobre. Tiene ocho hermanos.

A los 19 años lo condenaron a dos años de prisión por robar unas gallinas. Mientras estaba en prisión nació su segundo hijo.

En 1965 atracó una joyería junto con otros dos cómplices. Uno de ellos mató al guarda. Los policías detuvieron a Eleuterio unos días después, lo torturaron y lo acusaron de asesinato. Eleuterio fue condenado a muerte pero el general Franco redujo la sentencia a treinta años de prisión. Eleuterio se hizo famoso. Los periódicos lo llamaban "El Lute"

1972: el bandido más buscado por la policía.
En junio de 1966, cuando lo trasladaban desde Santander a Madrid, Eleuterio saltó del tren y anduvo 170 Kms. para escapar de los policías, pero estos lo detuvieron dos días después.

En 1971 se escapó de la prisión de Cádiz. Pasó dos años huyendo de la policía por toda España con dos hermanos suyos. Durante este tiempo, fue a casa de su mujer en Madrid y se llevó a sus dos hijos, pistola en mano. También se casó en Granada con otra mujer (la policía apareció en la boda y tuvo que salir huyendo).

En 1973 la policía lo detuvo. Lo acusaron de más de 100 delitos, entre ellos 97 robos.

1981: recibiendo una medalla del ministro de Justicia.
Eleuterio no volvió a escaparse, pero su transformación fue espectacular. Estudió primero el Bachillerato y luego la carrera de Derecho, escribió cuatro libros, dio conferencias, lo entrevistaron políticos, escritores y periodistas. El 19 de junio de 1981 el gobierno le concedió el indulto: Eleuterio era libre por fin.

Ese mismo año, el ministro de Justicia le entregó una medalla concedida por los periodistas al personaje más famoso del año.

Ahora don Eleuterio Sánchez (ya nadie le llama "El Lute") es abogado y escritor. Es un defensor de la causa de los gitanos y los presos, y lucha contra la discriminación social de estos grupos.

Contesta estas preguntas:
a) ¿Cuántos años pasó Eleuterio en prisión?
b) ¿Cuántas veces se escapó?
c) ¿Cuándo salió de la prisión?
d) ¿Cuántos hijos tiene?
e) ¿Qué delitos cometió?
f) ¿En qué consistió la "transformación espectacular"?

Escribe:
— ¿Qué te ha interesado más de la vida de Eleuterio Sánchez?
— ¿Conoces a algún otro "fugitivo" famoso? Cuenta algo de su vida.

Debate:
— La reinserción social

actividades.

pronunciación...

Consonantes relajadas.

1 Escucha las siguientes series de palabras y compáralas. En una serie los sonidos /b,d,g/ suenan de forma más débil (relajada) que en la otra.

a) doler   baño   ganar
b) estado   estaba   amigo

2 Ahora escucha estas palabras y di si la b, d o g suenan fuertes (F) o débiles (D).

	F	D
salu**d**ar		
dinero		
pa**g**ar		
hue**v**o		
vino		
gustar		
na**d**a		

3 Escucha y repite estas frases. Todos los sonidos /b,d,g/ deben pronunciarse de forma débil o relajada:

a) Esas medias son muy elegantes
b) Ya me olvidaba de tu amigo
c) Pregunta por el probador
d) ¿Ha llegado tu marido?

D E S C U B R I E N D O

Hechos importantes desde 1939

1939 Fin de la Guerra Civil — Victoria de las fuerzas franquistas.

1955 España admitida en la ONU.

1967 Aprobación de la Ley Orgánica del Estado.

1975 Muerte del General Franco — Don Juan Carlos de Borbón es nombrado Rey de España.

1976 Consenso para una Reforma Política.

1977 Primeras elecciones generales — Triunfo de la Unión de Centro Democrático — Adolfo Suárez, Presidente.

1978 Promulgación y aprobación de la Constitución el 6 de diciembre por referéndum.

1979 Elecciones Generales — Gana la Unión de Centro Democrático — Adolfo Suárez, Presidente.

1981 23 F (23 de febrero) — Intento de golpe de Estado.

1982 Triunfo Socialista en las terceras elecciones generales — Felipe González, Presidente.

1986 Entrada en la CEE el 1 de Enero y en Marzo referéndum que ratifica el ingreso de España en la OTAN.

1989 Cuartas Elecciones Generales — Sigue ganando el Partido Socialista — Noviembre, premio Nobel de Literatura a Camilo José Cela.

1990 Exposición antológica de Velázquez en el Museo del Prado — 800.000 de visitantes.

1992 • Con motivo del 5.º Centenario del Descubrimiento de América, Exposición Universal en Sevilla.

      • Barcelona, Juegos Olímpicos de verano.

      • Madrid, Capital Cultural de Europa.

Hechos históricos

Fusilamiento de la Moncloa.
Francisco de Goya

El Guernica.
Pablo Picasso

Colón y los Reyes Católicos.

Los Reyes de España.

escubriendo...

TEST 5

Repaso unidades 13, 14 y 15

1. Relaciona las frases con los dibujos:

Ejemplo: **Si tengo dinero, me compraré un coche.**
Si estudio poco
Si acabo de trabajar temprano
Si como mucho chocolate
Si hace buen tiempo
Si voy a Estados Unidos

ir a la playa

comprarse un coche

engordar

aprender inglés

llamar por teléfono

no aprobar el examen

2. Pon nombre a los siguientes objetos:

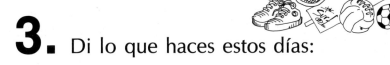

3. Di lo que haces estos días:

Ejemplo: **A. Di lo que haces a veces los domingos:**
  ej.: **A veces los domingos como con mis padres.**
B. Di algo que no haces nunca los lunes por la noche.

C. Di algo que haces a menudo en vacaciones.

D. Di algo que haces siempre en verano.

E. Di algo que haces muchas veces a la semana.

F. Di algo que haces pocas veces al mes.

4. Completa las frases con los verbos en la forma adecuada

Ejemplo: **SALIR (ella) Ayer_____muy temprano de casa. "salió"**

VER (yo)
- a. Antes_____la televisión mucho.
- b. Sonó el teléfono cuando_____una película muy interesante.
- c. Ayer_____a Juan. Comimos juntos.

HABLAR (nosotros)
- d. _____de Juan y de pronto apareció por la puerta.
- e. Estuvimos juntos toda la tarde._____de política, de modas, de deportes, de todo.
- f. Cuando Juan trabajaba en la compañía Telefónica me llamaba todos los días y_____durante horas.

SER (ella)
- g. En el colegio mi mejor amiga_____Isabel. Ahora no nos vemos nunca.
- h. Isabel_____directora de la compañía de 1982 a 1987.
- i. Cuando la nombraron directora_____más joven que los otros ejecutivos.

ESTAR (tú)
- j. ¿_____en la fiesta de Miguel ayer?
- k. Mira. Esta es una foto mía. Es del verano pasado._____más delgado que ahora.
- l. ¿_____en Cancún cuando pasó el huracán?

5. Escribe 5 frases comparando a Juan con Isabel.

Ejemplo: **"Juan es más alto que Isabel"**

JUAN	ISABEL
(altura) 1,70 m.	(altura) 1,58 m.
3 hermanos	1 hermano
25 años	23 años
trabaja 8 horas al día	trabaja 8 horas
gana 800.000 pesos al mes	gana 1.000.000 de pesos al mes

6. Pon los verbos en Pretérito Indefinido.

Ejemplo: **"nacieron"**
- a. Ana y Fernando (NACER)_____los dos en 1958.
- b. La policía (DETENER)_____ayer por la tarde a dos hombres.
- c. Juan y yo (CONOCERSE)_____hace dos años.
- d. Evita (MORIR)_____muy joven.
- e. El ladrón (ROBAR)_____gran cantidad de joyas.
- f. (TENER)_____que huir. Era demasiado peligroso para mí.
- g. El general Perón (CASARSE)_____tres veces.
- h. Al morir su segunda mujer, Perón (VOLVER)_____a casarse.

Gramática

SUSTANTIVOS Y ADJETIVOS

— **En español, los sustantivos son o masculinos o femeninos:**
El coche, el árbol, la camisa, el vestido.

— **Los sustantivos que indican sexo tienen los dos géneros:**
  el niño - la niña
  el gato - la gata
  el profesor - la profesora

— **Además, los sustantivos pueden ir en singular o en plural.**
  los niños - las niñas
  los profesores - las profesoras

— **Los adjetivos tienen el género (masculino o femenino) y el número (singular o plural) del sustantivo al que acompañan:**
  los niños morenos
  las niñas morenas

	Masculino	**Femenino**
singular	el gato blanco	la gata blanca
	el estudiante inglés	la estudiente inglesa
	el profesor inteligente	la profesora inteligente
	el padre cariñoso	la madre cariñosa
Plural	los gatos blancos	las gatas blancas
	los estudiantes ingleses	las estudiantes inglesas
	los profesores inteligentes	las profesoras inteligentes
	los padres cariñosos	las madres cariñosas

ARTÍCULOS

Singular	
masculino	**femenino**
el	la
un	una

Plural	
masculino	**femenino**
los	las
unos	unas

Me he comprado unos zapatos
La cocina es muy grande

— **A + EL = AL**
— **DE + EL = DEL**
La cocina está al lado del comedor
— **Delante de los días de la semana, siempre se pone artículo:**
  El lunes pasado vi a Luis
  Todos los lunes voy al gimnasio

DEMOSTRATIVOS

Singular	
masculino	**femenino**
este	esta
ese	esa
aquel	aquella

Plural	
masculino	**femenino**
estos	estas
esos	esas
aquellos	aquellas

— **Estas formas funcionan como adjetivos y como pronombres:**

Esta bicicleta me gusta más que aquella

esto
eso
aquello

funcionan sólo como pronombres, nunca pueden acompañar a un sustantivo. Se utilizan sobre todo en preguntas.

A. ¿Qué es aquello?
B. No sé... parece un globo.

EXPRESAR POSESIÓN

— ser + mío/tuyo/suya...
— ser de él/ella/ellos...
— ser de María/mi hermano...

¿De quién es esta cartera?
(Es) mía.

ADJETIVOS POSESIVOS

Singular	Plural
mi	mis
tu	tus
su	sus
nuestro/a	nuestros/as
vuestro/a	vuestros/as
su	sus

mi casa - mi libro
nuestra casa - nuestro libro

PRONOMBRES POSESIVOS

Singular	
mío	mía
tuyo	tuya
suyo	suya
nuestro	nuestra
vuestro	vuestra
suyo	suya

Plural	
míos	mías
tuyos	tuyas
suyos	suyas
nuestros	nuestras
vuestros	vuestras
suyos	suyas

Aquí están mis maletas, pero ¿dónde están las tuyas?
Este coche es el mío y aquel es el tuyo.
No, esta cartera no es mía.

EXPRESAR TIEMPO

ADVERBIOS Y EXPRESIONES TEMPORALES

— Antes, ahora, después...
— Ayer, hoy, mañana...
— Todavía, ya...
— Pronto/tarde
— Temprano/tarde

Hace 2 años estuve en Marruecos.
Esta mañana he hecho un examen.
El mes que viene iré a Italia.

EXPRESAR LUGAR

ADVERBIOS Y EXPRESIONES DE LUGAR

— Aquí, allí
— Cerca, lejos, dentro, fuera, encima, debajo, enfrente, al lado, a la derecha, al fondo
— Cerca de, lejos de, dentro de...

CANTIDADES Y MEDIDAS

ADVERBIOS

— Mucho, bastante, nada, poco, demasiado
A mí no me gusta nada el fútbol

Muy/Mucho
Es muy alto
Vivo muy lejos   Estudio mucho

PRONOMBRES INDEFINIDOS

— Nada, nadie, algo, alguien, algún/o/a/os/as, ningún/o/a

ADJETIVOS INDEFINIDOS

— Mucho/a/os/as, poco/a/os/as, bastante/s, demasiado/s, algún
Tengo muchos amigos y pocas amigas

NUMERALES

0	cero	30	treinta
1	uno	31	treinta y uno (un) una
2	dos	32	treinta y dos
3	tres	40	cuarenta
4	cuatro	50	cincuenta
5	cinco	60	sesenta

6	seis	70	setenta
7	siete	80	ochenta
8	ocho	90	noventa
9	nueve	100	cien
10	diez	101	ciento uno
11	once	150	ciento cincuenta
12	doce	200	doscientos/as
13	trece	300	trescientos/as
14	catorce	400	cuatrocientos/as
15	quince	500	quinientos/as
16	dieciséis	600	seiscientos/as
17	diecisiete	700	setencientos/as
18	dieciocho	800	ochocientos/as
19	diecinueve	900	novecientos/as
20	veinte	1.000	mil
21	veintiuno	1.150	mil ciento cincuenta
22	veintidós	2.000	dos mil
23	veintitrés	100.000	cien mil
24	veinticuatro	1.000.000	un millón
25	veinticinco	2.000.000	dos millones

ORDINALES

1er primer/o   6.º sexto
2.º segundo   7.º séptimo
3.º tercer/o   8.º octavo
4.º cuarto   9.º noveno
5.º quinto   10.º décimo

María estudia primero de Medicina
Mis abuelos viven en el primer piso
La tercera calle a la derecha es Padilla

Pesos

Medio kilo de tomates
Un cuarto de gambas
100 gramos de jamón
Una lata de atún
Una botella de leche

PRONOMBRES PERSONALES

		SUJETO	OBJ. DIRECTO	OBJ. INDIRECTO	CON PREPOSICION	REFLEXIVO
Singular		yo	me	me	mí	me
		tú	te	te	ti	te
		él, ella	lo (le) la	le (se)	él, ella	se
Plural		nosotros/as	nos	nos	nosostros/as	nos
		vosotros/as	os	os	vosotros/as	os
		ellos/as	los (les) las	les (se)	ellos/as	se

— "Usted" **es la forma de cortesía para la 2.ª persona del singular. Lleva el verbo en 3.ª persona.**
"Ustedes" **es la forma del plural.**
— **Cuando el Objeto Indirecto** LE o LES **va seguido de un Objeto Directo, en 3.ª persona, se transforma en** SE:

     SE LO dije

— **Cuando** MI **y** TI **van precedidos de** CON:

     CON + MI = CONMIGO
     CON + TI = CONTIGO

PREPOSICIONES

A

— **Lugar:** Ayer fui a casa de un amigo
— **Hora:** Todos los días me levanto a las 8
— **Objeto Directo:** Esta mañana he visto a tu marido

EN

— **Lugar:** Vivo en Madrid
— **Medio de transporte:** Voy al trabajo en metro
— **Tiempo:** En verano/en 1952/en diciembre...

DE

— **Origen:** Soy de Argentina
— **Lugar:** Vengo de la playa
— **Materia:** Me gustan las camisas de seda
— **Hora:** Son las 3 de la tarde

DESDE - HASTA

— **Tiempo:** ¿Dónde has estado desde las 6 hasta las 8?
— **Lugar:** Antonio me llamó desde la oficina

POR

— **Medio:** Por teléfono/por carta/por correo
— **Tiempo:** Ayer por la mañana empecé las clases
— **Lugar:** Me gusta mucho pasear por el parque

PARA

— **Finalidad:** Quiero ir a España para aprender español

HACER PREGUNTAS

¿Cómo te llamas?
¿Qué haces?
¿De dónde eres?
¿De qué talla?
¿Dónde están los servicios?

¿Cuál es tu número de teléfono?
¿Quién le llama?
¿Por qué has llegado tarde?
¿Cuánto es?
¿Cuántas habitaciones tiene?

EXPRESAR CAUSA

A. ¿Por qué has llegado tarde?
B. Porque he ido al médico

EXPRESAR OPCIONES

A. ¿Quieres venir al cine o al teatro?
B. Prefiero ir al cine

EXPRESAR CONDICIÓN

Si puedes, ven a verme
Si tenemos tiempo, iremos al cine
Si quieres, esta tarde vamos de compras

PERIFRASIS VERBALES

Estar + GERUNDIO: Ahora estoy viendo la tele
Tener + QUE + INFINITIVO: Tengo que ir a casa de unos amigos
Ir + A + INFINITIVO: ¿Vamos a bañarnos?

TIPOS DE VERBOS

— **Reflexivos:** llamarse, acostarse, levantarse, irse, bajarse, encontrarse, quedarse.
— **Verbos que tienen como modelo al verbo** GUSTAR: doler, parecer, quedar (bien/mal)
— **Impersonales:** hay, hace (frío), llueve...

SER

— **Origen/nacionalidad**	Soy francés. Soy de Francia
— **Profesión**	Soy abogado
— **Identidad**	¿Eres Leonor?
— **Cualidades permanentes**	Mi trabajo es interesante
	Leonor es joven, alta y rubia
— **Decir la hora**	Son las tres
— **Hablar del precio**	¿Cuánto es? Son 500 ptas.
— **Posesión**	Es mío/Es de Juan
— **Significado de "celebrar"**	La lotería es en diciembre
— **Verbo SER + sustantivo (nunca ESTAR)**	Somos compañeros de trabajo
	Era un pueblo muy bonito

ESTAR

— **Lugar:**	Los libros están encima de la mesa
— **Estado físico y anímico:**	¿Cómo está Vd.?/(Estoy) bien, gracias
	Estoy preocupada
	La maleta está rota
— **Expresiones:**	Están de vacaciones
	Estás en forma
	Estoy en el paro

HAY/ESTA

¿Hay una farmacia aquí cerca?   Hay muchos alumnos en clase
Todos los domingos hay baile   La farmacia está aquí cerca
Hay bocadillos de queso   Los libros están encima de la mesa

VERBOS REGULARES

Presente	Perfecto	Imperfecto	Indefinido	Futuro	Imperativo	Participio	Gerundio
HABLAR							
hablo	he hablado	hablaba	hablé	hablaré		hablado	hablando
hablas	has hablado	hablabas	hablaste	hablarás	habla		
habla	ha hablado	hablaba	habló	hablará	hable		
hablamos	hemos hablado	hablábamos	hablamos	hablaremos			
habláis	habéis hablado	hablabais	hablasteis	hablaréis	hablad		
hablan	han hablado	hablaban	hablaron	hablarán	hablen		
COMER							
como	he comido	comía	comí	comeré		comido	comiendo
comes	has comido	comías	comiste	comerás	come		
come	ha comido	comía	comió	comerá	coma		
comemos	hemos comido	comíamos	comimos	comeremos			
coméis	habéis comido	comíais	comisteis	comeréis	comed		
comen	han comido	comían	comieron	comerán	coman		
VIVIR							
vivo	he vivido	vivía	viví	viviré		vivido	viviendo
vives	has vivido	vivías	viviste	vivirás	vive		
vive	ha vivido	vivía	vivió	vivirá	viva		
vivimos	hemos vivido	vivíamos	vivimos	viviremos			
vivís	habéis vivido	vivíais	vivisteis	viviréis	vivid		
viven	han vivido	vivían	vivieron	vivirán	vivan		

VERBOS IRREGULARES

Presente	Indefinido	Futuro	Imperativo	Participio	Gerundio
CERRAR					
cierro	cerré	cerraré		cerrado	cerrando
cierras	cerraste	cerrarás	cierra		
cierra	cerró	cerrará	cierre		
cerramos	cerramos	cerraremos			
cerráis	cerrasteis	cerraréis	cerrad		
cierran	cerraron	cerrarán	cierren		
DAR					
doy	di	daré		dado	dando
das	diste	darás	da		
da	dio	dará	dé		
damos	dimos	daremos			
dais	disteis	daréis	dad		
dan	dieron	darán	den		
DECIR					
digo	dije	diré		dicho	diciendo
dices	dijiste	dirás	di		
dice	dijo	dirá	diga		
decimos	dijimos	diremos			
decís	dijisteis	diréis	decid		
dicen	dijeron	dirán	digan		
ESTAR					
estoy	estuve	estaré		estado	estando
estás	estuviste	estarás	está		
está	estuvo	estará	esté		
estamos	estuvimos	estaremos			
estáis	estuvisteis	estaréis	estad		
están	estuvieron	estarán	estén		
HACER					
hago	hice	haré		hecho	haciendo
haces	hiciste	harás	haz		
hace	hizo	hará	haga		
hacemos	hicimos	haremos			
hacéis	hicisteis	haréis	haced		
hacen	hicieron	harán	hagan		

IR

voy	fui	iré		ido	yendo
vas	fuiste	irás	ve		
va	fue	irá	vaya		
vamos	fuimos	iremos			
vais	fuisteis	iréis	id		
van	fueron	irán	vayan		

OIR

oigo	oí	oiré		oído	oyendo
oyes	oíste	oirás	oye		
oye	oyó	oirá	oiga		
oímos	oímos	oiremos			
oís	oísteis	oiréis	oíd		
oyen	oyeron	oirán	oigan		

PODER

puedo	pude	podré		podido	pudiendo
puedes	pudiste	podrás	puede		
puede	pudo	podrá	pueda		
podemos	pudimos	podremos			
podéis	pudisteis	podréis	poded		
pueden	pudieron	podrán	puedan		

PONER

pongo	puse	pondré		puesto	poniendo
pones	pusiste	pondrás	pon		
pone	puso	pondrá	ponga		
ponemos	pusimos	pondremos			
ponéis	pusisteis	pondréis	poned		
ponen	pusieron	pondrán	pongan		

QUERER

quiero	quise	querré		querido	queriendo
quieres	quisiste	querrás	quiere		
quiere	quiso	querrá	quiera		
queremos	quisimos	querremos			
queréis	quisisteis	querréis	quered		
quieren	quisieron	querrán	quiera		

SABER

sé	supe	sabré		sabido	sabiendo
sabes	supiste	sabrás	sabe		
sabe	supo	sabrá	sepa		
sabemos	supimos	sabremos			
sabéis	supisteis	sabréis	sabed		
saben	supieron	sabrán	sepan		

SALIR

salgo	salí	saldré		salido	saliendo
sales	saliste	saldrás	sal		
sale	salió	saldrá	salga		
salimos	salimos	saldremos			
salís	salisteis	saldréis	salid		
salen	salieron	saldrán	salgan		

SEGUIR

sigo	seguí	seguiré		seguido	siguiendo
sigues	seguiste	seguirás	sigue		
sigue	siguió	seguirá	siga		
seguimos	seguimos	seguiremos			
seguís	seguisteis	seguiréis	seguid		
siguen	siguieron	seguirán	sigan		

SER

soy	fui	seré		sido	siendo
eres	fuiste	serás	sé		
es	fue	será	sea		
somos	fuimos	seremos			
sois	fuisteis	seréis	sed		
son	fueron	serán	sean		

TENER

tengo	tuve	tendré		tenido	teniendo
tienes	tuviste	tendrás	ten		
tiene	tuvo	tendrá	tenga		
tenemos	tuvimos	tendremos			
tenéis	tuvisteis	tendréis	tened		
tienen	tuvieron	tendrán	tengan		

VENIR

vengo	vine	vendré		venido	viniendo
vienes	viniste	vendrás	ven		
viene	vino	vendrá	venga		
venimos	vinimos	vendremos			
venís	vinisteis	vendréis	venid		
vienen	vinieron	vendrán	vengan		

VOLVER

vuelvo	volví	volveré		vuelto	volviendo
vuelves	volviste	volverás	vuelve		
vuelve	volvió	volverá	vuelva		
volvemos	volvimos	volveremos			
volvéis	volvisteis	volveréis	volved		
vuelven	volvieron	volverán	vuelvan		

Glosario

para completar por el alumno

Unidad 1

acento (el) ....
ahora ....
alemán/a ....
amigo/a ....
andaluz/a ....
bien ....
¡bueno! ....
bueno/a ....
bocadillo (el) ....
¿cómo? ....
cosa (la) ....
decir ....
decorador/a ....
diseñador/a ....
¿dónde? ....
entonces ....
escribir ....
estudiante (el/la) ....
estudiar ....
¡estupendo! ....
hacer ....
hasta ....
¡hasta la vista! ....
¡hasta pronto! ....
¡hola! ....
inglés/a ....
llamarse ....
mirar ....
mueble (el) ....
muy ....
presentar ....
pronto ....
¡hasta pronto! ....
¿qué tal? ....
ser ....
sí ....
trabajar ....
vivir ....
y ....

Unidad 2

banco (el) ....
bienvenido/a ....
clase (la) ....
colombiano/a ....
compañero/a ....
compañía (la) ....
con ....
día (el) ....
buenos días ....
economista (el/la) ....
encontrarse ....
estar ....
estar de vacaciones ....
este/a ....
¡gracias! ....
hablar ....
italiano/a ....
mucho/a ....
¡mucho gusto! ....
salvadoreño/a ....
trabajo (el) ....
usted/es ....

Unidad 3

además ....
al fondo ....
alegre ....
allí ....
alquiler (el) ....
antiguo/a ....
aquí ....
aquí mismo ....
bastante ....
bonito/a ....
buscar ....
calle (la) ....
caluroso/a ....
casa (la) ....

cocina (la) ....
como ....
cómodo/a ....
contar ....
¿cuánto? ....
cuarto (el) ....
cuarto de baño ....
derecha ....
a la derecha ....
dormitorio (el) ....
edificio (el) ....
esperar ....
frío/a ....
invierno (el) ....
izquierda ....
a la izquierda ....
mal ....
más ....
¡oiga! ....
otro/a ....
pasar ....
pequeño/a ....
piso (el) ....
precio (el) ....
problema (el) ....
recibidor (el) ....
ruidoso/a ....
salón (el) ....
tener ....
tranquilo/a ....
vecino/a ....
verano (el) ....

Unidad 4

al lado de ....
abrir ....
amable ....
atravesar ....
autobús (el) ....
bajar (se) ....

cerca

coger

¡de acuerdo!

¡de nada!

farmacia (la)

¡hasta luego!

hay

hora (la)

luego

mejor

menos

metro (el)

minuto (el)

parada (la)

¡perdone!

plaza (la)

¡por favor!

recto/a

reloj (el)

seguir

supermercado (el)

tarde (la)

por la tarde

venir

Unidad 5

¡a ver!

¿algo más?

agua (el)

ajedrez (el)

algo

algún/a

beber

caña (la)

menú (el)

carta (la)

juego (el)

camarero/a

cerveza (la)

comer

concierto (el)

empezar

espárrago (el)

gustar

hambre (el) (fem)

jamón (el)

jugar

leer

mayonesa (la)

merluza (la)

música (la)

ordenador (el)

pensar

poco/a

un poco

poder

¡ponga!

presentador/a

querer

queso (el)

restaurante (el)

tapa (la)

tomar

Unidad 6

acostar (se)

alto/a

antes

año (el)

cenar

claro/a

delgado/a

después

foto (la)

guapo/a

moreno/a

notario/a

novio/a

oscuro/a

parecer

periódico (el)

rubio/a

salir

simpático/a

volver

Unidad 7

¡aquí tiene(s)!

azul

caro/a

¡claro!

creer

cuero (el)

desear

elegante

esperar

falda (la)

llevar(se)

negro/a

¡no está mal!

pagar

pantalón (el)

precio (el)

preferir

probador (el)

probar(se)

quedar

quedar bien/mal

rojo/a

ropa (la)

talla (la)

tarjeta (la)

tarjeta de crédito

tela (la)

tienda (la)

valer

Unidad 8

café (el)

¿de verdad?

¿diga?

estupendamente

interesante

invitar

¡lo siento! ....

nada ....

oír ....

partido (el) ....

poner ....

¿por qué? ....

porque ....

ruido (el) ....

quedar (a una hora, un
día) ....

¿quién? ....

saber ....

té (el) ....

¿vale? ....

Unidad 9

bañar(se) ....

billete (el) ....

calor (el) ....

dentro de ....

¡depende! ....

dormir ....

estación (la) ....

¡hasta luego! ....

llegar ....

mes (el) ....

el mes pasado ....

el mes que viene ....

mañana por la mañana ....

¡me da igual! ....

momento (el) ....

dentro de un momento ....

noche (la) ....

por la noche ....

piscina (la) ....

playa (la) ....

rato (el) ....

dentro de un rato ....

sed (la) ....

sol (el) ....

¡vamos! ....

¡ya! ....

Unidad 10

¡a ver! ....

balance (el) ....

compañero/a ....

doler ....

¡hombre! ....

¡lo siento! ....

médico (el/la) ....

llorar ....

oficina (la) ....

organizado/a ....

pasárselo bien/mal ....

perder ....

pueblo (el) ....

salir ....

terminar ....

todavía ....

todavía no ....

vez ....

alguna vez ....

a veces ....

otra vez ....

viaje (el) ....

Unidad 11

acordarse ....

desde ....

después ....

acomodador ....

aproximadamente ....

¡cómo eres! ....

cliente/a ....

disco (el) ....

fiesta (la) ....

hotel (el) ....

inspector/a ....

nadie ....

negocio (el) ....

nevera (la) ....

ninguno/a ....

regalar ....

reunión (la) ....

visitar ....

visita (la) ....

Unidad 12

conocer ....

chico/a ....

¿de parte de quién? ....

difícil ....

etiqueta (la) ....

éxito (el) ....

extranjero/a ....

importar ....

¡no importa! ....

interesante ....

¡lo siento! ....

lotería (la) ....

maleta (la) ....

momento (el) ....

un momento, por favor ....

Navidad (la) ....

paro (el) ....

¡perdone! ....

perro/a ....

próximo/a ....

recado (el) ....

¡sigamos! ....

suerte (la) ....

por suerte ....

tocar ....

tocar la lotería ....

¡vaya! ....

¡vaya por Dios! ....

Unidad 13

a menudo
a veces
alimentación (la)
andar
baile (el)
bastante
cajetilla (la)
campo (el)
ciudad (la)
demasiado
disfrutar
fumar
gente (la)
gimnasia (la)
joven
marchar
¡menos mal!
montaña (la)
¡no me digas!
paisaje (el)
pasear
paseo (el)
pescar
quedar (con alguien)
¡qué pena!
¡qué mala suerte!
¡qué rollo!
reaccionar
río (el)
rodear
siempre
tranquilidad (la)
tranquilo/a
vida (la)

Unidad 14

aparcar
competición (la)
¡da igual!
dato (el)
dejar
¡depende!
estar en forma
hay que
matricular (se)
medalla (la)
miedo (el)
multa (la)
mundo (el)
todo el mundo
¡no hace falta!
pista (la)
prohibir
pronto
región (la)
rellenar
reservar
robar
secretaría (la)
sobre (el)
también
trofeo (el)

Unidad 15

animado/a
artista (el/la)
cajón (el)
delito (el)
de pronto
de repente
descubrir
detener
¡fatal!
guardar
intentar
ladrón/a
luchar
mejor
ministerio (el)
ministro/a
morir
movimiento (el)
muerte (la)
obra (la)
política (la)
polución (la)
presidente/a
¡qué bien!
retirar (se)
seguro/seguramente
tanto como...